『明鏡国語辞典』編者
北原保雄［編著］

問題な日本語 その3

大修館書店

編著者
北原　保雄（『明鏡国語辞典』編者。筑波大学名誉教授。前筑波大学長。
日本学生支援機構理事長）
小林　賢次（『明鏡国語辞典』編集委員。早稲田大学教授。
東京都立大学名誉教授）
砂川有里子（『明鏡国語辞典』編集委員。筑波大学教授）
鳥飼　浩二（『明鏡国語辞典』編集委員。辞書学）
矢澤　真人（『明鏡国語辞典』編集委員。筑波大学准教授）

絵
いのうえさきこ

まえがき

大変好評につき、第三弾を刊行することとした。「問題な日本語」は、まだまだいくらでもある。というよりも、どんどん生産されている。その一端は、『みんなで国語辞典！　これも、日本語』（大修館書店）に見ることができる。そして、そういう気になる言葉について解説してほしいという要望も引き続き多く寄せられている。

これまでの二書では、若者言葉やマニュアル用語を中心に取り上げた。それの積み残しも取り上げたい。しかし、今般、『明鏡　ことわざ成句使い方辞典』（同）を編纂して強く感じたことは、「ことわざ」や成句などの意味や言い回しを微妙に誤っている人がとても多いということだ。この辞典では、誤用を丁寧に取り上げて解説したが、その多さには驚かされた。誤った使い方に迷っている人も多いのではないか。本書では、そういう、問題な「ことわざ」や成句も取り上げた。

前二書と合わせて、日本語の現実を覗き日本語について考えるよすがとしていただきたい。

二〇〇七年十一月

鏡郷文庫主人

北原　保雄

もくじ

お名前をいただけますか 12
殿の名前から一字いただいて…って、戦国武将の命名か！

患者様 34
めざせ、ホテル級の接客？医療に求めるサービスはもっと違う所にあるような…

鈍感力 46
漢字の造語力＝「漢字力」の成せるワザ。

喝《かつ》を入れる／活《かつ》を入れる 80
もはや国民的誤用。あなたはどっちで元気が出る？

お陰様をもちまして 94
問題な日本語ネタもまだまだ十分もちまして、第3弾、無事刊行。

野菜を切っていきます 154
料理番組はライブ感が大切。「〜ていきます」で臨場感を演出？

気になる電車言葉 158
「扉、閉まっておりまーす!!」…「閉まって」るんじゃなくて、私が挟まってるの知ってて「閉めて」ますよね、車掌さん…。

逆に　142

この言葉を使うと、
逆に気の利いたことを言った感じがするもんですから…。

真逆《まぎゃく》　72

ただの「逆」じゃ、インパクトに欠ける。
ピタリ180度の「真逆」で！

お土産をいただきまして、すみません　19

「ありがとう」が素直に言えない、最近のワタシ。

本が売っている　67

いえいえ、本屋さんが売っています。

高橋さんって今日ヒマだったりします？　24

「山田君って、今日飲みに行ったりする？」
…押しが弱そうで強い、上司の誘い。

さくっと　16

同期のA子は
さくっと就職、さくっと結婚、さくっと転職。
さくっと人生割り切れない私は、
今夜もさくっと牛丼食べてます…。

結果を出す　104

「結果出せ！」って課長は言うけど、
出すもの出してくれなきゃ
ヤル気も結果も出ないっしょ。

敬語判定セーフ？　アウト？
…ママも子供もそれどころじゃない
迷子の呼び出し
お連れ様がお待ちになっておられます 148

いつも付き合わされる
取引先部長の芝刈りゴルフ。
「（もう）結構、なご趣味ですねぇ〜」
結構です 108

到達点なのか出発点なのか、
そもそも「心頭《しんとう》」ってどこ？
怒り心頭に達する／怒り心頭に発する 166

「つないだ手」より「つなげた手」のほうが、
心なしか思いが切実な気も。
つなぐ／つなげる 56

油をしく？　ひく？
江戸っ子ならずとも区別困難。
しく／ひく 126

誰からもらった、その休み。
お休みをいただいております 62

「頑張るっす」「了解っす」…
体育会系新人クンのお陰で、
職場はまるで相撲部屋。
学生だったっす 51

うちの奥さん 30

ちなみに私は妻に、
単に「うちの」って呼ばれてます。
「うちのなんか、夕べ酔っぱらって帰ってきて
大変だったのよ」。

目に物言わす／目に物見せる 122

結婚三十年、妻との無言のアイコンタクトも、
ずいぶん達者になりました。

コーヒーで 136

プロポーズ「僕でいいかい？」
の答えは「あなたでいいわ」。
…いろいろ考えてしまいました…。

嫁・嫁さん 76

関西ではフツー？
芸人さんたちの嫁ネタTVトークで
全国区になったかも。

数10人・数一〇人 131

「111」「百十一」「一一一」…。
漢字タテ組の日本、
編集者の悩みは尽きません。

お茶とかする？ 90

「お茶とかする？」って誘ったら、
「"お茶"も"とか"もしません」って
すべてを否定されました…。

「肌で感じる」とはまさにこのこと？

すばらしい演技に鳥肌が立つ 40

「大事なのはクオリティーと納期、それにコストだ」「ですよね」

「…キミに言ってるんだぞ」「…ですよねー!!」

社会人ならどんなつらい会話も「ですよね」で乗り切れ！

ですよねー 112

最近テレビでよく聞く
「再発防止に努めて参りた、い、と、思、い、ま、す」。
お詫《わ》び大国ニッポンならではの婉曲《えんきょく》表現？
次の話題に移りたいと思います 85

現代のカード社会じゃ、
サインに書いた名前のほうが
本人より偉いかも？
お名前様 118

…ということで、次回タイトルは
もう一歩踏み込んで『問題めな日本語』。
無理めの女 99

執筆
北原保雄　小林賢次　砂川有里子
鳥飼浩二　矢澤真人

使い方どっち？

1 間髪(かんはつ VS. かんぱつ)を容れず
2 綺羅星の 如く VS. 綺羅 星の如く
3 五里霧-中 VS. 五里-霧中
4 習い性(せい VS. しょう)となる
5 顔色(がんしょく VS. かおいろ)を失う
6 幕があく VS. 幕がひらく
7 一頭地を 抜く VS. 一頭 地を抜く
8 一敗地に まみれる VS. 一敗 地にまみれる
9 情けは人のためならず、人には親切にしておきなさい？
10 あのケチがこんなに弾むなんて、鬼の霍乱だね？
11 阪神が勝ちさえすれば後は野となれ山となれです？
12 開店を前に嵐の前の静けさです？
13 美容師のくせに彼はいつも髪が乱れている。医者の不養生だね？
14 割れ鍋に閉じ蓋？
15 身も蓋もない VS. 実も蓋もない
16 笠にかかる VS. 嵩にかかる
17 腹が座る VS. 腹が据わる
18 毒を盛って毒を制す？
19 「敷居が高い」の「敷居」って？
20 「元も子もない」の「子」って？
21 「命あってのものだね」の「ものだね」って？
22 「口が減らないやつだ」「口が減るわけでもあるまいし」の「減る」って？
23 恨みを晴らす VS. 恨みを果たす
24 二の舞いを踏む VS. 二の舞いを演じる
25 食指が動く VS. 食指が伸びる
26 物議を呼ぶ VS. 物議をかもす
27 火ぶたを切る VS. 火ぶた切って落とす
28 気が置ける VS. 気が置けない
29 袖に振る VS. 袖にする
30 貧乏を嘆くことはない。金は天下の回り物だ？
31 ののしり合うなんてみっともない。夫婦喧嘩は犬も食わないよ？
32 話の流れに棹さすようで恐縮で

執筆　北原保雄

絵　いのうえさきこ

お名前をいただけますか

質問 あるメーカーに電話で注文をしたところ、「お名前をいただけますか」と聞かれ、大事な個人名など上げられるものかと思いました。この言い方、変ではないでしょうか。

答え 私もデパートで買った物の託送を頼んだときやホテルの受付でチェックインをしたときなどに、何回か、「お名前をいただけますか」と言われたことがあります。同じような言い方に「お名前、頂戴できますか」というのもあります。続いて「お電話番号もいただけますか」と言われることもあります。

「名前」や「電話番号」はやりもらいのできるものではありませんから、くださいと言われても上げることはできません。大切なものだからとか、個人情報だからとかいう以前に、そも

使い方どっち？ 1

「間髪(かんはつVS.かんぱつ)を容《い》れず」、どっち?

「かんぱつ」は、「金髪」「散髪」などと同じように「間髪」をひとまとまりの言葉とみなして読んだもの。しかし、「間」と「髪」は独立した語で、「間髪」という髪はない。間に髪の毛一本も入れるすきまもないの意で、「間《かん》、髪《はつ》を容れず」と読むのが正しい。なお、「容れず」は、現在は「入れず」と書くことも多いが、原典の『文選《もんぜん》』によって「容れず」と書くのが伝統的。

そもやり取りできる性質のものではないのです。そういうものについて「いただけますか」と言うから変なのです。

やり取りのできるものについて「いただけますか」「頂戴できますか」と聞くのは少しも変ではありません。たとえば、相手が不要になったというものについて、「それなら、私にいただけますか」というのは自然でしょう。そして、「いただけませんか」のように否定の表現を加えれば、もっと丁寧になりますし、「いただけませんでしょうか」のように推量の表現を加えれば、更に丁寧なお願いになります。

そういうことはありますが、丁寧さは程度の問題です。「名前」や「電話番号」はもらうことができないものだから、「いただけますか」「頂戴できますか」とお願いするのは変なのです。

それではどうして、こういう変な言い方が出てきたのでしょうか。これは、デパート、ホテル、美容院、コールセンターなどで多く用いられているところを見ると、マニュアル用語では

使い方どっち？ 2

「綺羅星の 如《ごと》く」vs.「綺羅 星の如く」、どっち？

俗に「きらぼし」と読むことが多いが、「綺羅星」という星は実際にはない。「綺羅《きら》、星《ほし》の如く」と切るのが正しい。「綺」は綾織りの絹布、「羅」は透けるように薄い絹布で、「綺羅」は美しく華やかな衣装のこと。綺羅のように美しくきらびやかなさまは、まるで夜空に輝く星のようだ、という意味。「トップスターが綺羅星の如く集う」など、華やかな存在や実力者がずらりと並ぶさまを形容する。

ないかと思います。誰かが発明したものでしょう。ひょっとすると、英語のMay I have your name?が背景にあるのかもしれません。つまり、英語に、日本語に直訳すると「あなたのお名前をいただいてもいいですか」という丁寧な聞き方があることから作られた言い方のような気がします。

なお、関連して、「お名前お願いします」「お名前よろしいでしょうか」などという変な言い方もされています。「お名前」と「お願いします」「よろしいですか」とがつながりません。「お名前（をお教えください。）お願いします」「お名前（を伺って）よろしいでしょうか」などの（　）の部分が省略されているのです。重要な部分を省略して、ただ「お願いします」「よろしいでしょうか」とだけ言うから、大体の意味は通じますが、変なのです。

（北原保雄）

使い方どっち？ 3

「五里霧-中」VS.「五里-霧中」、どっち？

「五里-霧中」という区切りで読まれることが多いが、「五里霧-中」が本来の区切り方。後漢の張楷《ちょうかい》が道術によって五里霧《ごりむ》（五里四方に立ちこめる霧。後漢の「一里」は約〇・四キロメートル）を起こし、人をその中にとざして惑わせたという故事に基づく。判断に迷い、方針や見込みが全く立たないことをいう。なお、「むちゅう」を「夢中」と書くのは誤り。

ポイント
●やりもらいのできない「名前」や「電話番号」について、「いただけますか」とお願いするのは適切な表現ではありません。

【お名前をいただけますか】

お名前いただけますか?
田中です
ご住所いただけますか?
東京都大田区……
総資産額いただけますか?
マンション1戸と預金300万…
えっ
総資産いただけますか?

さくっと

質問　「さくっと」という言葉をこの頃よく聞きます。普通に使ってもよいのでしょうか。

答え　簡単に物事を行うことを、「さくっと」という擬態語（事物の状態や身ぶりを、いかにもそれらしい言語音で象徴的に表した語）で表すことが多くなりました。

・残りの仕事もさくっとかたづけて、飲みに行こう！
・さくっとメール打っちゃうね。
・そんな資料、さくっと作っとけばいいよ。

二〇年くらい前には、「さくさく」という形で、「ちくちく」

使い方どっち？ 4

「習い性（せいvs.しょう）となる」、どっち？

習慣も度重なると、生まれながらの性質のようになってしまうということ。「性」は、「しょう」（呉音＊）ではなく、「せい」（漢音＊）。「習い性」で一語ではなく、「習い、性《せい》となる」と切って読む。後半を省略して「習い性で、警備の仕事を始めてから人の挙動が気になるようになった」というのは問題ないが、「サラリーマン時代の習い性が抜けない」などと、「習い性」を習性の意で一語のように使うのは誤り。

と対になって使われていました。勉強や仕事を地道に進めていると、「なに、ちくちくやってるんだよ」のように言われました。「ちくちく」は、「こつこつ」と同様に積み重ねの努力を表しますが、「隠れて」とか「それぱかり」といった意味も加わり、否定的なニュアンスを持っていました。これに対し、「さくさく」は、「宿題なんか、さくさくやってしまおう」のように、面倒だったり嫌だったりすることでも、手際よく進めていくさまを表します。面倒なものを後まで残さず、早めに済ませてしまうという肯定的なニュアンスで使われますが、一方で、やることはやるが、質や完成度は必ずしも問わないというニュアンスもまたありました。

「さくさく」は、霜柱を踏んだり、ウエハースを食べたり、かき氷を崩したりするときの擬音語から擬態語に転じたものでしょう。あるかなきかの堅さでほんの小さな抵抗を感じさせるものを、圧倒的な力で崩していく感覚です。軟らかすぎるプリンは「サクッと」行きませんし、草加せんべいも堅すぎます。

＊呉音＝古代日本に朝鮮半島を経由して渡来した、中国南方系の発音に基づくとされる漢字音。
＊漢音＝隋《ずい》・唐の時代に日本に伝えられた、中国北方系の発音に基づく漢字音。

こういった感覚が多くの人に共有できたので、「さくさく」「さくっと」の擬態語用法が広がったと考えられます。

擬音語や擬態語は、多くの共感を呼び起こすこともできますが、一方で、陳腐な表現に思われたり、子供っぽい稚拙な表現に思われたりもする諸刃《もろは》の剣《つるぎ》でもあります。最近、食べ方を表す「がっつり」が急速に広がっています。「たっぷり」でも「がつがつ」でもない、心おきなく腹ごたえのある食事をするさまを表すのにぴったりの語感なのかもしれませんが、ただ、この感覚を共感できない世代も少なくありません。「さくっと」も「がっつり」も、やはり、相手を見て使うに越したことはないようです。

（矢澤真人）

ポイント

「さくっと」は、その表す状態が感覚的に多くの人に共有され、広がったと思われます。しかし、その感覚に共感しない人には伝わりにくい言葉ですから、相手のことを考えながら使い分けることが必要です。

お土産をいただきまして、すみません

質問　「お土産《みやげ》をいただきまして、すみません」と言われると違和感を覚えます。お礼の言葉として「すみません」を使ってもいいのでしょうか。

答え　お礼の言葉として「すみません」を使うのは、どのような心理に基づいているのでしょうか。民俗学者の柳田國男は、「ありがとう」や「すみません」について取り上げた文章の中で、「すむ」には「澄む」をあて、このようなことをしていただいては私の心が安らかでありません、という意味だと説明しています（『毎日の言葉』）。一般にはむしろ「済む」をあて、相手に迷惑をかけたり、手間を取らせたりして申し訳ないという気持ちに理解するのが普通ですが、もともと「澄む」と「済

使い方どっち？ 5

「顔色（がんしょく vs. かおいろ）を失う」、どっち？

「顔色」を音で読んだ「がんしょくを失う」が正しい。「かおいろ」と読んでも意味は同じだが、成句としては「かおいろを失う」は避けたい。なお、「顔色を無くす」の場合は、「かおいろを無くす」と読むのが一般的。「顔」も「色」も常用漢字で、書籍でもなかなか読み仮名が振られない。注意を要する。

む」とは同語源だとみられますから、柳田の説明も、特別異なるものではなさそうです。「すみません」をさらにあらたまって言うなら、「相すみません」とするか、あるいは、「申し訳ありません」「申し訳ございません」の形をとることになります。

物を頼む場合などの「すみませんが、……」という前置き、あるいは、単なる呼びかけ（離れたところにいる店員に「すみません！」と声をかける場合など）も、〈申し訳ないが、自分の用件に対応してほしい〉という気持ちが根底にある表現として理解されます。

感謝の言葉としては、「ありがとう（ございます）」が適切であることは当然ですが、相手が好意的になにかをしてくれたり、気を遣ってくれたりしたとき、〈迷惑［気遣い・負担］をおかけして申し訳ない〉という気持ちから「すみません」を使うことは問題ありません。ただし、「すみません」は、あくまでも謝罪あるいは申し訳なさを表明する言葉ですから、感謝の言葉そのものとは言えません。積極的にお礼・感謝の気持ちを表し

使い方どっち？ 6

「日本シリーズの幕が開く（あく vs. ひらく）」、どっち？

閉まっていたもの、閉じていたものが排された状態になることは、「あく」とも「ひらく」ともいい、「窓が開く」なども「窓があく」「窓がひらく」の両方の言い方ができる。しかし、「幕が開《あ》いて、上手《かみて》から主役が登場する」「日本シリーズの幕が開《あ》く」など、芝居が始まる、物事が始まる、という意の成句の場合、「幕があく」といい、「幕がひらく」とはいわない。「主役が来なくては幕が開《あ》かない」なども、「ひらかな

たいときには、「ありがとう（ございます）」を使うことが望ましいでしょう。

なお、読者からの指摘では、最近若い人の中には、「すみません」よりも「ごめんなさい」を使う傾向があり、極端な場合、ここで取り上げた「すみません」の代わりに、次のようにお礼の言葉として使うこともあるそうです。

・（部下が上司に）ごめんなさい、ご報告が遅くなりました。〔謝罪〕
・（友人に向かって）手伝ってくれて、ごめんなさい。〔お礼のつもりで〕

「ごめんなさい」は、本来、「御免《ごめん》なされて下さりませ」のように、あらたまって許しを請う言葉で、必ずしも敬意の低い言い方ではなかったのですが、現在では友達同士で軽く「ごめん！　待たせちゃって。」などと使うようになり、「ごめんなさ

い」ではなく「あかない」が正しい。

い」もあまり敬意のある言い方にはなっていません。

「ごめんなさい」を感謝の言葉として使うというのは明らかに不適切ですが、謝罪の言葉としても、目上の相手に対して、たとえば、会社で上司に対して使ったりするのは避けるべきでしょう。

（小林賢次）

ポイント

〈迷惑・気遣い・負担をかけて申し訳ない〉という気持ちから、お礼の言葉として「すみません」を使うことは問題ありません。ただし、お礼・感謝の気持ちをはっきり表す言葉は、「ありがとう（ございます）」です。

「ごめんなさい」は感謝の言葉ではなく、あまり敬意の高くない謝罪の言葉です。

【いただきまして、すみません】

高橋さんって今日ヒマだったりします？

質問　若者がよく使う「〜って」が気になります。「高橋さんって今日ヒマだったりします？」は、高橋さんという人を知っているのに、こんな言い方をするのはおかしくないでしょうか。

答え　一九七七年に三田誠広の「僕って何」という小説が芥川賞を受賞しました。筆者はそのとき、なんか変なタイトルだなと感じたことを思い出します。質問された方と同様、だれのことか知っていて当然の自分のことなのに、「僕」という言葉が「〜って」で受けられているのがおかしいと感じたのです。
そこでこの種の「〜って」の使い方について考えてみることにしましょう。

使い方どっち？ 7

「一頭《いっとう》地《ち》を 抜く」VS.「一頭《いっとう》 地《ち》を抜く」、どっち？

他より頭一つ分抜き出ているという意。この「地」は、漢文で語尾に添えて語調を整える「助字」で、地面という実質的な意味を表すものではない。したがって、「一頭 地を抜く」ではなく、「一頭地を 抜く」と読むのが正しい。

「〜って」の用法には、①言葉を取り上げてその意味やそれが何を指すのかを尋ねたり、その意図するところや真偽を尋ねたりする用法があります。

・人工知能ってどういう意味ですか？（意味を尋ねる）
・高橋さんってどの人ですか？（だれを指すかを尋ねる）
・今さら行きたくないってどういう意味だ？（意図を尋ねる）
・仕事を辞めたって本当？（真偽を尋ねる）

この用法は、「〜って」の「〜」の部分が何を指すのか、何を意図するのかなどが分からないときに使われます。

それに対して、「〜」の部分が何を指すのか分かっているときに使う②の用法もあります。

・高橋さんってみかけによらず腕力あるね。

使い方どっち？ 8

「一敗地《いっぱいち》にまみれる」VS.「一敗地《いっぱいち》にまみれる」、どっち？

この「地」は助字ではなく、つちの意。二度と立ち上がれないほど徹底的に打ち負かされるという意で、「地にまみれる」は、戦死者の内臓が大地に散らばって泥まみれになること。「一敗地にまみれる」ではなく、「一敗 地にまみれる」と読むのが正しい。なお、「血」を用いた「一敗血にまみれる」は誤り。

・僕ってホントにバカだよ。
・日本のアニメってすごく人気あるね。

この場合、「高橋さん」や「僕」がどの人か、「日本のアニメ」がどんなものかはすでに分かっています。しかし、それらに対してこれまで気付いていなかったことに気付いたり再認識したりして、それがどんなものかを改めて述べ直しているのです。

「〜って」という言葉は「〜と言う」の「〜と」に「〜は」がついた「〜とは」から転じたものです。「人工知能とはどういう意味ですか」「僕と（いう人間）はホントにバカだよ」と言うのと同じように「人工知能」そのものではなく「人工知能」という言葉を取り上げたり、「僕という人間」のように「僕」を少し別の観点から取り上げたりする力が「〜って」に備わっているのです。

ところで、最近は①や②以外の用法で「〜って」が使われる

使い方どっち？ 9

「情けは人のためならず、人には親切にしておきなさい」は正しい？

「人のためならず」は、「人のためにならない」という意ではなく、「人（＝他人）のためではない（自分のためである）」の意。「なら」は動詞「成る」ではなく、断定の助動詞「なり」。人に親切にしておけば、その相手のためになるばかりでなく、やがてはよい報いとなって自分に戻ってくるということ。よって、この使い方は正しい。人に親切にして甘やかすのはその人のためにならない、の意で使うのは誤り。

ようになってきています。

・消しゴムってどこにありますか？
・山田さんって、何か運動してますか？

この場合、「消しゴム」や「山田さん」が何かを知らないわけでもないし、それを別の観点から見ようとしているわけでもありません。それなのに「〜って」を使う背景には、「消しゴム」や「山田さん」を直接指し示すのではなく、「消しゴムというもの」「山田さんという人」のようなもってまわった言い方で指し示したいという気分が働いているからではないかと思います。「高橋さんって今日ヒマだったりします？」という言い方も「高橋さん」をそのままズバリと指し示したくないという相手に対する配慮が働いているのかもしれません。しかし、私には相手への配慮というより、はっきり言うことを恐れる気弱さや舌足らずな言い方をする甘えのようなものが感じられて

使い方どっち？10

「あのケチがこんなに弾むなんて、鬼の霍乱《かくらん》だね」は正しい？

「霍乱」は漢方の語で、日射病や暑気あたりのこと。また、夏に起こりやすい、吐き気や下痢《げり》を伴う急性の病気のこと。「鬼の霍乱」は、頑強な人が珍しく病気にかかることをいう。例文のように、珍しいという意味で広く使いがちだが、健康以外のことに使うのは誤り。

しまいます。
ところで、三田誠広の小説は「僕」が「僕自身」を見失い、自分が何者かを改めて認識しようと模索する姿を表している作品でした。まさに②の用法です。「僕って何」というタイトルは実に適切なタイトルだったのです。

（砂川有里子）

ポイント！すでに知っている高橋さんに対して、「高橋さんってみかけによらず腕力あるね」というのは、高橋さんを改めて違う観点から述べている表現で、適切です。一方、「高橋さんって今日ヒマだったりします？」は、「高橋さん」をズバリと指し示すのを避けた、気弱で甘えの感じられる言い方です。

【一敗地にまみれる】

【鬼のかくらん】

うちの奥さん

質問 このごろ、人に向かって自分の妻のことを「うちの奥さん」と言う人が多くいますが、いかがなものでしょうか。

答え 「奥さん」は、「奥様」から転じた語で、元来は大きな屋敷の奥にいる人の意。今までは、もっぱら他人の妻の尊敬語として、「君の奥さん、お元気ですか?」などと使うのが一般的でした。ところが、近年、自分の妻を指して「うちの奥さんは、ゴルフが達者でね」などと言う夫君が急速に勢力を拡大しつつあるようです。人に向かって自分の妻を指していう言い方には、「妻（つま・さい）」「家内」「ワイフ」「女房」「かかあ」「母ちゃん」「上《かみ》さん」や、西日本の方言としての「嫁《よめ》（さん）」があり、「奥さん」とは言いませんでした。三十年も前に、年

使い方どっち？ 11

「阪神が勝ちさえすれば後《あと》は野となれ山となれです」は正しい?

「後は野となれ山となれ」は、後のことは野になるならなれ、山になるならなれの意で、当面のことさえ済んでしまえば、後はどうなってもかまわない、という意。するだけのことはしたのだから、また、自分には直接害が及ぶことはないのだから勝手にしろとばかりに居直ることをいう。「阪神が勝ちさえすれば…」のように、ある特定のものさえよければ後はどうでもいい、の意でいうのは誤り。

長の人から「うちの奥さん」という言い方を聞いた記憶がありますが、その時は、相当な違和感がありました。

ネットでは、誤用説を唱える意見もありますが、これはもう大変な盛況というべく、「うちの奥さん」だけでなく、「私［僕・おれ・わし・自分］の奥さん」のほか、九州独特の「おい（どん）の奥さん」までどっと出てきます。「うちの奥さん」は全国規模で拡大を続けているようです。

文学作品や新聞などではどうでしょうか。

・僕の奥さんは三十七になるが、…（森本薫）

・…**うちの奥さん**も、少しは国産愛用者になるだろうと…（森本薫）

・…こんなに楽しく祝ってもらって。**うちの奥さん**なんて冷たいものだよ（山村美紗）

・私は駄目だが、**うちの奥さん**は、二種免許を持っていてね（西村京太郎）

使い方どっち？ 12

「明日の開店を前に嵐《あらし》の前の静けさです」は正しい？

例文は、猛烈に忙しくなる前のようすをいったもので、この使い方はよく見かける。しかし、本来の使い方ではない。「嵐の前の静けさ」は、暴風雨が襲う前に辺りが一時静まり返ることで、大事・変事の起こる前の、妙に静まりかえった状態についていうもの。「嵐の前の静けさで、ひと波瀾《はらん》ありそうだ」などと使う。「嵐」は、平常の穏やかな状態が損なわれるような、荒れたようすをたとえていう。

・うちの奥さん、ちょうど外出中なんだよ。パーティーかなにかで（連城三紀彦）
・うちの奥さん、こんな顔してても恐いんだよ（多岐川恭）
・広東語を勉強中のうちの奥さんが、（朝日新聞）
・いやあ、うちの奥さん、パリのカリタ使っているんですよ（朝日新聞）

結構ある、というべきでしょうか。森本薫の作品が、雑誌『劇作』に掲載されたのは昭和九年ですから、根は案外深い所にあったようです。

「愚妻《ぐさい》」「山妻《さんさい》」「荊妻《けいさい》」など、自分の妻を謙遜《けんそん》していう語は、日本語に豊かですが、敬意を表す語はありませんでした。「上《かみ》さん」では、敬意より親愛の度合いが強いでしょう。今や、日本語は、軽い敬意を表す〈尊敬語〉として、「うちの奥さん」という新しい言い方を定着させようとしているのかもしれません。規範にはずれるという理由で、「誤用だ！」と切って捨て

使い方どっち？ 13

「美容師のくせに彼はいつも髪が乱れている。まさに医者の不養生《ふようじょう》だね」は正しい？

「医者の不養生」は、人には健康を説く医者が自分の健康には注意しないということで、文字通り、そんな医者についていう成句。しかし、転用して、医者以外の専門家についても広く使う。美容師の髪の乱れも「医者の不養生」になぞらえることができるだろう。

るわけにはいかないところまで来ているようです。

（鳥飼浩二）

ポイント！

●「奥さん」は、他人の妻をいう尊敬語として使うのが伝統的な用法です。しかし、現在、妻を軽い敬意をもって表したいという要求に応えて、自分の妻をさす言葉としても広く使われているようです。

患者様

質問 病院などで、「患者さん」と言わずに「患者様」と言っていますが、違和感があります。「患者」に「様」を付けるのはおかしいのではないでしょうか。

答え 確かに大きな病院に行くと、「患者様へ」という掲示があったり、「カンジャサマ」という院内放送が耳に入ってきたりします。また、医療機関のホームページや医学関係の研究論文などにも「患者様」という言葉は頻繁に登場します。

しかし、この呼び方に対して違和感を持つという人はたくさんいます。①それほど患者を大切にしているとも思えないのに、②固有名詞に「様」を付けて患者を呼び出すのはいいが、「患者」という普通名詞に「様」を付けても相手を尊敬しているこ

使い方どっち？ 14

「割れ鍋《なべ》に閉じ蓋《ぶた》」、おかしいのはどこ？

「破《わ》れ鍋」も正しいが、「割れ鍋」も正しい。従って、「割れ鍋」は問題ない。問題なのは「閉じ蓋」のほうで、「綴《と》じ蓋」が適切な書き方。壊れてひびの入った鍋(=割れ鍋)には修理した蓋(=綴じ蓋)が似つかわしいとして、どんな人にもそれぞれにふさわしい配偶者があるということ。「閉じる」と「綴じる」は語源が同じだが、つくろい直す意では「綴じる」と書く。

とにはならない、③「様」は確かに尊敬語だが、時には小馬鹿にされたようにも受け取られる、などの意見があります。

以前は「患者さん」と呼んでいたのです。それが、「患者様」に変わったのは、患者本位の医療やサービス向上を意識して一部の病院で「患者様」と呼ぶように改めたのが始まりです。もう少し詳しく説明すると、厚生労働省の「医療サービス向上委員会」が二〇〇一年一一月に、『国立病院等における医療サービスの質の向上に関する指針』をまとめ、国立病院に対して「患者の呼称の際、原則として、姓(名)に『様』を付ける」ということを通達しました。このときに病院側の受けとめ方にいささか行き過ぎがあったのです。通達では、患者の姓(名)を呼ぶときに「~さん」ではなく「~様」と呼ぶことを求めたのであって、普通名詞の「患者」に「様」を付けることを求めてはいなかったのです。それなのに、病院側では、「患者」にまで「様」を付けるようにしてしまったのです。

病院側としては、医療サービス向上のために患者に対する応

使い方どっち？ 15

「{身 VS. 実}も蓋《ふた》もない話」、どっち？

「蓋」に対する、容器の本体部分の意の「み」は「身」と書く(「抜き身」の「身」などにも通じる)。「身も蓋もない」は、物を入れる本体も、その蓋もなくて容器の体をなさないことから、あらわに表現しすぎて含みや味わいがないことをいう。内容・実質の意の「実」と紛らわしいが、「実も蓋もない」は誤り。

対や言葉遣いをできるかぎり改善しようと考え、「患者様」に改めたのでしょう。接客のコンサルタント（助言などを行う人）が病院に「患者様」の使用を勧めているという事情などもあるようです。しかし、受け取る側からすると、「患者様」は変な呼び方だ、違和感があるというわけです。

それでは、どこが変なのでしょうか。まず「患者」という呼び方は尊敬表現にはなじまないものだということがあります。この言葉自体に患っている人という良くない印象がありますから、いくら「様」を付けても相手の患者にとっては尊敬された感じがしない、かえって小馬鹿にされたような気持ちになる、というわけです。そういう点では「さん」も同じです。「患者さん」は耳慣れてしまったから、あまり違和感がありませんが、相手に向かって「病人さん」「急患さん」「負傷者さん」と呼ぶのはおかしいでしょう。病院関係外でも、相手に向かって「犯人さん」「被疑者さん」「失業者さん」などと呼んだらやはり変です。こういう言葉（呼び方）は相手に対しては使わないもの

使い方どっち？ 16

「{笠《かさ》VS.嵩《かさ》}にかかる」「{笠VS.嵩}に着る」、どっち？

意味も似ていて紛らわしいが、それぞれ、「嵩にかかる」「笠に着る」が正しい。「嵩にかかる」は、優位な立場を利用して高圧的な態度をとること。「嵩にかかって命令する」などと使う。「笠に着る」は、人の権威や自分の地位を利用して大きな態度をとること。「親会社の権力を笠に着ていばる」「役人の地位を笠に着て要求を呑《の》ませる」のように使う。「嵩」は物の大きさや容積の意で、他を威圧するほどの大きさ

です。

次に、もう一つ、「患者さん」は違和感がないのに、「患者様」はどうして変なのか、という問題があります。「さん」が「様」になると敬意が一段と高くなるからですが、それだけではありません。実は、敬語を尊敬の度合いだけで考えていてはいけないのです。尊敬の度合いがより高いのは「患者様」の方ですが、それは距離をより隔てるということでもあるのです。つまり、「様」を付けると病院側（関係者）と患者との距離をより隔てることになります。それに対して「さん」は両者の隔たりがより少なく親しみの度合いが強くなります。掲示物・院内放送や研究論文などでは「様」を使い、患者個人に対しては「さん」を使う、という使い分けは、距離の取り方の違いによっているわけです。患者は個人個人が病院を訪れているのですから、病院側から「さん」付けで呼ばれると、親しみを込めて尊敬されていると受け取れますが、「様」を付けて呼ばれると尊敬されているというよりも、公的にあるいは冷たく突き放さ

のこと。「笠」は、頭にかぶって雨などを防ぐもので、自分を庇護《ひご》するもののたとえ。

れているように感じます。
この問題は新聞などにも取り上げられ、あちこちの病院で「患者さん」に戻す検討が始められているようです。

（北原保雄）

ポイント

「患者」という良くない印象のある呼び方に尊敬表現の「様」はなじまないものであり、「様」を付けると、病院と患者との距離をより隔てることにもなります。

【患者様】

えーっと検温を…
レ？。。
敵に見つかる！
303号室の患者様にも困ったもんだな－
ふう
あのう
あの人たぶん忍者様って呼んでほしいんじゃないかと－

すばらしい演技に鳥肌が立つ

質問 最近、感動したときによく「鳥肌が立った」という人がいますが、正しい用法なのでしょうか。

答え たしかに、最近「すばらしい演技に鳥肌が立った」のように、強い感動を受けたときに「鳥肌が立つ」という言い方を用いることがあるようです。結論から言うと、このような感動・感激した状態の表現としては、この言い方は本来的なものではなく、使い方に注意が必要です。

「鳥肌」は、辞典類に説明があるように、寒さや恐怖などのために立毛筋《りつもうきん》（「起毛筋《きもうきん》」とも）が収縮し、肌がぶつぶつになる現象を言います。キリシタンの手になる日本語辞書『日葡《にっぽ》辞書』（一六〇三－〇四）には、「羽根をむしり取ったあとの鶏な

使い方どっち？ 17

「腹が{座る vs. 据《す》わる}」、どっち？

「腹が据わる」が正しい。「腹」は度胸・胆力《たんりょく》の意で、「腹が据わる」は、覚悟ができていて物事に動じないという意。「据わる」と「座る（坐る）」は語源は同じだが、前者は、ある位置にどっしりと落ち着いて、安定する、後者は、床や椅子《いす》に腰をおろす、座するという意味。「肝《きも》が据わる」「腰が据わる」「目が据わる」なども、「据わる」と書く。

どの肌」という説明のあとに、比喩として、「寒さのためにぶつぶつになっている人の肌」という説明があります。『日葡辞書』では寒さに限定した記述になっていますが、強い恐怖感や嫌悪感によっても実際に鳥肌状態になるわけで、「あまりの恐ろしさ［不気味さ］に鳥肌が立った」のように、従来からそうした不快な状況を表すときにも用いられてきています。

さて、それでは、この「鳥肌が立つ」が、感動・感激の表現に使われるようになったのは、いつごろからでしょうか。「朝日新聞」を検索したところ、次のような例がありました。

・ドキュメンタリー映画「六ケ所人間記」を見て、**鳥肌が立つ**感動を覚えた。（一九八六・七・一九夕刊）
・「うれしくて**鳥肌が立った**。先生、私は命をかけるよ、全力を尽くすよ」と興奮の面持ち。（一九八七・五・一五朝刊）

感動用法は、このころ、一九八〇年代から広まりだしたよう

使い方どっち？ 18

「毒を盛って毒を制す」、間違っているのはどこ？

「毒を盛って」であれば、毒物を飲料などに入れて飲ませる意だが、「盛って」は間違い。正しくは「毒を以《もっ》て毒を制す」。「〜を以て」は、それを道具・手段として、「〜で」という意味。「毒で毒を制する」、つまり、毒を使って別の毒を押さえる、悪をほろぼすために別の悪を利用するということ。なお、「制す」を「征す」と書くのは誤り。

です。平成一三年度（二〇〇二）の文化庁「国語に関する世論調査」によると、「a 余りのすばらしさに鳥肌が立った」「b 余りの恐ろしさに鳥肌が立った」の二つの言い方で、どちらを使うかを年代別に調査していますが、まとめて示すと、高年層ではbのほうを使うという回答が五〇%以上を占めていてaの感動用法は比率が低い（それでも二〇%前後の使用率がある）のに対して、若年層では、abともに三〇%前後の使用率を占めていて、近年、若年層を中心にaの感動用法がかなり広く受け入れられていることが知られます。

スポーツの試合などで、劣勢だったのが最後に劇的な逆転勝ちを演じたりした際など、体がぶるぶる震えるような興奮を味わった場合には、実際に鳥肌状態になることもあるでしょうし、強烈な感動・感激の表現としては「鳥肌が立つ」を用いることも、用法の拡大として認められるでしょう。ただし、単なる強調表現として、「すばらしい演技に鳥肌が立った」とか「鳥肌が立つような名演奏」などと用いるのは、適切さに欠けると思

使い方どっち？ 19

「敷居《しきい》が高い」の「敷居」って、どこ？

「義理を欠いているので、あの家は敷居が高いよ」などと使う。しかし、その「敷居」は屋敷のどこにある敷居か。これは、襖《ふすま》を開け閉めするための、部屋の境にある敷居ではなく、門の内外を区切るために敷く横木のこと。その敷居が高いので、その家の領域に入りにくいという意味。「敷居をまたぐ（＝その家に入る）」の「敷居」も同様。

います。特に、後者の例のように、比喩的表現として安易に使うのは避けたほうがいいのではないでしょうか。なお、「鳥肌が立つ」と類似の表現に「総毛立《そうけだ》つ」があり、同様の用法が見られますが、これも同じことが言えるでしょう。

（小林賢次）

ポイント

近年、「鳥肌が立つ」を、興奮して実際に鳥肌が立つ場合の形容や、強烈な感動の表現として用いる例は多くなっています。ただし、実際に鳥肌が立ってもいないのに、単なる強調表現、比喩的表現として安易に使うのは避けたほうがいいでしょう。

【腹が据わる】

ガタン
ゴトン
！
ガタン
ゴトン
ガタン
……
サッ
どどうぞ
え
やりィ
超ラッキー
どすっ
腹が座ってる
……。
ああ…
ぎゅう
ぎゅう
ぎゅう
ぎゅう

【敷居が高い】

いやー立派なお宅ですね
だろう
だろう
鴨居の細工も見事だし…
でも…
敷居がない…!!
うちバリアフリーだから
ああ…

【毒を以て毒を制す】

フッフッフッフッ
ついにできたぞ絶対バレずに人を殺れる毒薬が…
フフフフフフ…
これをアイツの飲み物に混ぜておけばあっという間にあの世いき…
コロコロ
ペろり
よーしよし味もまったく違和感がなー

鈍感力

質問 小泉元首相が安倍前首相に「鈍感力」という言葉と本を紹介したとかで、この本がベストセラーになりました。しかし、この「鈍感力」という言葉、変ではないでしょうか。

答え 確かに、「鈍感力」は意味のよく分からない言葉ですね。しかし、それについて考える前に、昨今、「○○力」という言葉があまりにも多用されていることを問題にしたいと思います。新聞、雑誌に溢《あふ》れています。本のタイトルにも頻用されています。

「力《りょく》」は漢語ですから、本来は、①「学力」「指導力」「経済力」「購買力」などのように漢語に付くもので、従来の国語辞書にはこの種のものしか載っていませんが、昨今では、②「稼

使い方どっち？ 20

「元も子もない」の「子」って何？

「根も葉もない」「身も蓋《ふた》もない」「血も涙もない」など、「AもBもない」の形で否定の意味を強調する言い方の一つ。「元」は元金《がんきん》のことで、「子」は利子のこと。もともとあるはずのもの（元金）も、そこから生まれる利益（利子）もない、要するに、何もないという意味。「無理をして体をこわしたら元も子もない」のように使う。

ぎ力」「教え力」「出会い力」「段取り力」など和語（訓読みの語）に付いたもの、③「リーダーシップ力」「タレント力」「ネイティブ力」「キャッチコピー力」「ヴィジョン力」などカタカナ語（外来語）に付いたものなどがたくさん出てきて、造語の方法が拡張されています。

②の「稼ぎ力」は「獲得力」とか「収入力」とか言えば済むことですし、「教え力」は「教育力」とか「教授力」とか言えば問題がありません。③の「リーダーシップ力」も「指導力」と言うことができます。そもそも、「リーダーシップ」は「指導力」とか「統率力」という意味ですから、「力」は重複になります。ですから、わざわざ②や③の造語法を使って「○○力」という言葉を作らなくてもよいのですが、何にでも「力」を付けるというのが、昨今の流行りということでしょう。これは、何にでも「的」を付けるという風潮に通じるものがあります（『問題な日本語』「わたし的にはOKです」参照）。

さて、何にでも「力」を付けるということは、もちろん①に

使い方どっち？ 21

「命あってのものだね」の「ものだね」って何？

この「ものだね」は、「やっぱ、命あってのものだね～」などと使う、「物＋だ（助動詞）＋ね（助詞）」ではない。漢字で書けば「物種」で、物事のもととなるものの意。「たね」は、「飯のたね」の「たね」などに同じ。「命あっての物種」は、何事も命があって初めてできるものだ、という意。

ついても同様です。その結果、漢語の場合も含めて、意味の分からない「○○力」という言葉が氾濫するのです。「怠慢力」「曖昧《あいまい》力」「夢中力」「感謝力」「東大力」「ド素人《しろうと》力」などというのがあります。「怠慢」や「曖昧」は「力」とどう関係づけられるのでしょうか。「夢中力」は「集中力」に近いもののようですが、夢中になれる力とはどういう力でしょうか。「東大力」は『親と子の「東大力」を鍛える』というタイトルの中に用いられているもので、「東大力」は東大に合格する力ということのようですが、子はともかく親の合格する力というのはどういうことでしょうか。かなりの飛躍があります。「ド素人力」はド素人でも成功する力のことだそうですが、「ド素人」は、専門の「力」がないから、ド素人なのです。やはり関係に無理があります。一つ一つ検討していると紙幅が足りなくなりますが、「力」の想定しにくい言葉に安易に「力」を付けているということです。「○○」と「力」の意味が結び付かないのです。しかし、本のタイトルや広告のコピーでは、人目を引くような、

使い方どっち？ 22

「口が減らないやつだ」と「口が減るわけでもあるまいし」の「減《へ》る」は、同じ意味？

「口が減るわけでもあるまいし」の「減る」は、すりへるの意。言い惜しみをしている人に対して、口がすりへるわけでもないのに（言い惜しむな）、と言うもの。「口が減らないやつだ」は、口が達者で反論や負け惜しみをいくらでも言うやつだ、の意。この「減る」は、「減らず口をたたく」の「減る」と同じで、ひるむ、負けるという意。

常識的ではない表現を逆に利用しているとも言えそうです。

　それにしても、どうして、こんなに「○○力」という言葉が多用されるのでしょうか。「力」が不足している、「力」が欲しいと思っている人が多いということでしょうか。ハウツーものや問題集の人気が高いことと共通しているようにも思われます。昨今は検定ばやりでもあり、「国語力検定」「常識力検定」「お笑い力検定」など、「検定」という言葉も大流行りです。「力」「ハウツー」「検定」は共通するところがあります。ただ、それだけでなく、「力」を付けると、いろいろな意味を含めて簡明にしかも力強く言い切ることができるという利点があります。これは「的」と似たところです。これらの理由の総合として、「○○力」が多用されるのではないかと思います。

　そこで、最後に、ご質問の「鈍感力」ですが、「鈍感」は感じ方の鈍いことで、本来「力」とはなじまない言葉です。この本を読んでみますと「鈍さ」「したたかで鈍い鈍感力」「いい意味での鈍さ」「鈍さの素晴らしさ」などの言葉が繰り返し出て

使い方どっち？ 23

「積年《せきねん》の恨みを{晴らす vs. 果たす}」、どっち？

「雪辱《せつじょく》を果たす」などに引かれて、「恨みを果たす」と言ってしまいそうだが、「恨み」は「果たす(=成し遂げる)」ものではなく、「晴らす(=取り除く)」もの。「積年の恨みを晴らす」が正しい。なお、「積年の恨み」は、長い年月のうちに積もり積もった恨みのこと。「昔年の恨み」と書けば、昔抱いた恨みの意。

きます。「鈍感」には程度がありますが、そのまさに「鈍感さ」を「鈍感力」といっているようです。「鈍感さ」という程度を「鈍感力」という力ととらえる意外さが、人目を引く効果を発揮しているように思われます。

（北原保雄）

ポイント

●書名としてインパクトのある「鈍感力」ですが、感じ方の鈍いことを表す「鈍感」は、本来「力」とはなじまない言葉です。

学生だったっす

質問 若い人は「〜っす」を敬語として使っているようですが、特に問題ないのでしょうか。

答え 「っす」は、丁寧な断定を表す「です」の形が変わったものです。

丁寧を表すには、名詞では「学生です」のように「です」を付け、動詞には「食べます」のように連用形に「ます」を付けますが、これを一つの形でまとめてしまったのが、「っす」です。「っす」は、「学生っす」のように名詞に付くだけでなく、「食べるっす」「寒いっす」のように動詞や形容詞にも付けることができます。

日本語では、基本的に「何がどうする」とか「何がどうだ」

使い方どっち？ 24

「二の舞いを{踏む VS.演じる}」、どっち？

類義の「轍《てつ》を踏む（＝前人と同じ失敗をする）」や、言い方の似ている「二の足を踏む（＝ためらう）」と混同して「二の舞いを踏む」というのは誤り。正しくは「二の舞いを演じる」で、前の人と同じ失敗をくり返すこと。「二の舞」は、安摩《あま》という舞楽のあとで、咲面《えみめん》をつけた老爺《ろうや》と腫面《はれめん》をつけた老婆が安摩の舞をまねて滑稽《こっけい》に舞うもの。

といった、ことがらを表すものは、「食べた」「寒かった」のように過去の「た」の前に出てきます。そして、ことがらに対する話し手のとらえ方や聞き手への働きかけを表す、推量の「だろう」や疑問の「か」、念押しの「ね」などは、「食べただろう」「来たか」「寒かったね」のように、「た」の後に出てきます。「だ」や「です」は、断定といっても、名詞を述語にするものであり、ことがらを表す部分に用いられるものなので、「学生だった」「学生でした」のように、普通、過去を表す「た」の前に来ます。しかし、「っす」は、「学生だったっす」「食べたっす」のように「た」の後に出ます。「っす」は、接続する単語ばかりでなく、語順の点でも「です」とは異なっているのです。

実は、「だ」から派生した単語の中に、これと同様のふるまいをするものがほかにもあります。先に出てきた推量の「だろう」とその丁寧な形の「でしょう」です。「だ」や「です」が「だろう」や「でしょう」の形になって、推量を表すようにな

使い方どっち？ 25

「食指《しょくし》が{動く vs.伸びる}」「触《しょく》手《しゅ》を{動かす vs.伸ばす}」、どっち？

「食指が動く」「触手を伸ばす」が正解で、「格安の物件に思わず食指が動く」「A社が海外市場に触手を伸ばす」のように使う。前者は、物を食べたくなる、また、ある物事をしてみようという気になるという意。「食指」は人さし指。後者は、欲しいものを得ようとして相手に近づくこと。「触手」は、無《む》脊椎《せきつい》動物の口の周辺にある糸状の突起。これを伸ばして食物を捕らえる。

ると、「学生でしょう」のように名詞ばかりでなく、「行くでしょう」「寒いだろう」のように、動詞や形容詞にも付くようになります。また、「学生だったでしょう」「寒かっただろう」のように、「た」の後に出るようになります。断定から推量へと意味が変わったことで、接続する単語が広がり、語順まで変わったのです。

「っす」もこれと同様に、名詞を述語にする働きよりも、聞き手への敬意表現である〈丁寧〉を表すほうに重点が移ったことで、「食べるっす」のように動詞に直接付くようになり、「た」の後に続くようになったと考えられます。

「っす」は、文法から見ると「です」と「ます」を統一した、丁寧の進化形という側面を持っています。しかし、「です」と違って、とても俗な言い方で、かしこまった場面では、あまり使われません。場面と相手を考えて使ったほうがよいでしょう。

なお、形容詞の丁寧な形は、「遅うございます」のように連用形に「ございます」を付けて表していましたが、最近は、

使い方どっち？ 26

「物議《ぶつぎ》を〔呼ぶ vs.かもす〕」「論議《ろんぎ》を〔呼ぶ vs.かもす〕」、どれが正しい？

「物議をかもす」「論議を呼ぶ」が正しい。前者は、ある物事が世間の（やかましい）議論を引き起こすこと。後者は、ある物事が議論の的になることをいう。「閣僚の失言が物議をかもす」「年金問題が国民の論議を呼ぶ」のように使う。両者を混同した「物議を呼ぶ」「論議をかもす」は誤り。「物議」は世の人々の議論、「かもす（醸す）」は生み出す意。「論議」は理非を明らかにするために意見をたたかわせること。

「遅いです」のように「です」を付けることが多くなりました。過去の場合は、「遅いでした」ではなく、「遅かったです」のように「た」の後に「です」を後続させます。ここにも、「っす」と同じ文法が働いています。

（矢澤真人）

ポイント

●「学生だったっす」などの「っす」は、「です」と「ます」を一つにまとめた、丁寧語の進化形だという見方もできます。しかし、「です」「ます」と違って俗な言葉ですから、かしこまった場面では使わないほうがよいでしょう。

【〜っす】

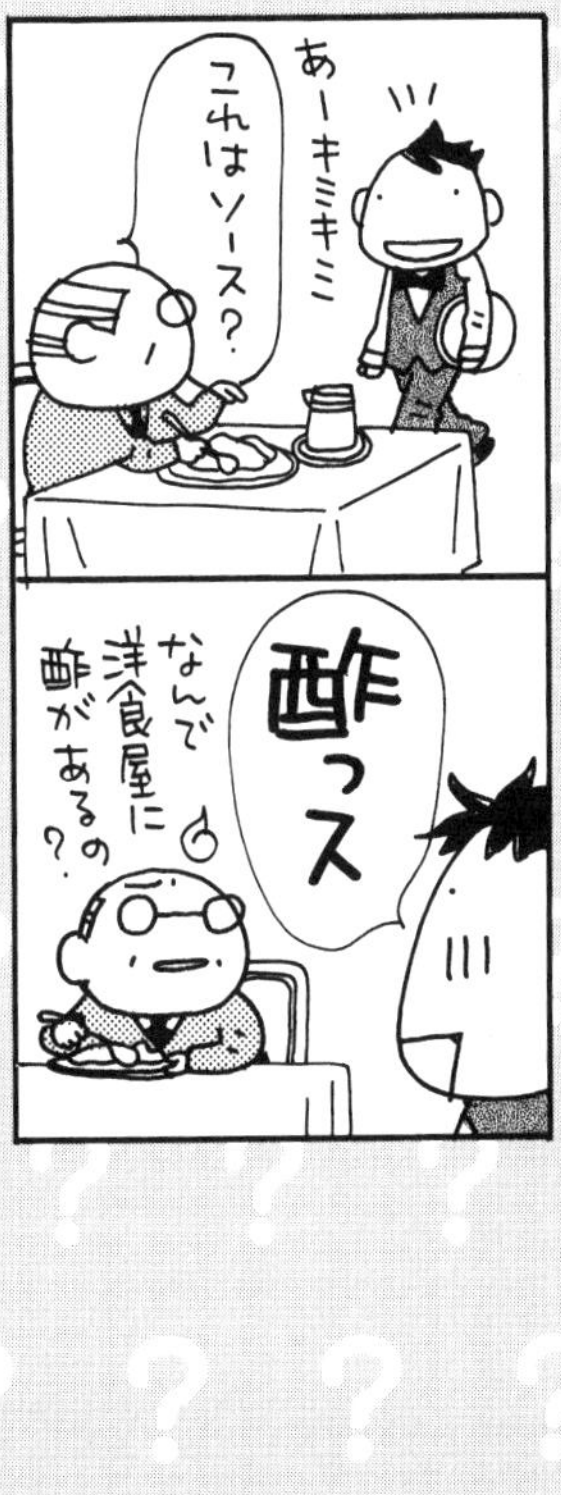
あーキミキミ
これはソース？
酢ッス
なんで洋食屋に酢があるの？

つなぐ／つなげる

質問 「つなぐ」を「つなげる」という人が増えている気がします。「つなげる」は間違いではないでしょうか。

答え 「つなげる」という語には、語源を同じくしながらも、意味も用法も異なる三つの形がありますので、それをきちんと区別しておくことから始めましょう。まず、「つなぐ」の可能動詞としての「つなげる（＝つなぐことができる）」があります。これは、「水さえあれば命 が／を つなげる」のように、自動詞（〜ガ〜ニつなげる）としても他動詞（〜ヲ〜ニつなげる）としても使うことができます。次は、文語「つなぐ」の命令形＋完了の文語助動詞「り」の連体形からなるもので、これは「つながっている〜」の意で使う文語的表現です（二人はつなげる手を

使い方どっち？ 27

「選挙戦の火ぶたを{切る vs. 切って落とす}」、どっち？

「火ぶたを切る」が正しい。「火ぶた」は、火縄銃の火皿をおおう蓋《ふた》。その蓋を切って（＝開いて）点火の準備をする意から、戦いや競争を始めることをいう。類義の「幕を切って落とす」と混同して、「火ぶたを切って落とす」というのは誤り。幕の場合は切って落とすのだが、火ぶたは切っても落ちない。

ば離しぬ）。ここで問題になっているのは、第三の「つなげる」で、「二本のひもをつなげる」「ネットで情報をつなげる」などと使う、他動詞としての「つなげる」です。

この「つなげる」は、東京を中心とする東日本に始まった比較的新しい言い方で、西日本の人に言わせると、「つなぐ」と言えば済むものをなんでわざわざ「つなげる」なぞというのかと、かなり激しい批判にさらされたりすることがあります。が、マスコミやネットを通じて、年々増殖の傾向にあるようです。

あくまで推測ですが、「犬を鎖につなげる」「罪人を牢獄《ろうごく》につなげる」などは、西の人は圧倒的に×だろうと思われますが、東の人は案外に○または△といったところでしょうか。東の人も、さすがに「恋人同士が手をつないで歩く」「二人は信頼のきずなでつながれている」の「つないで」「つながれて」を「つなげて」「つなげられて」とは言わないでしょう。

「二両の車両を　つなげる／つなぐ」「二点間を点線で　つなげる／つなぐ」「テレビにビデオを　つなげる／つなぐ」などでは、

使い方どっち？ 28

「あの人は気が{置ける vs. 置けない}から疲れる」、どっち？

「気が置けない」は、気遣いする必要がなく心から打ち解けることができるの意。逆に、「気が置ける」は、緊張したり気詰まりだったりして打ち解けないの意。よって、「気が置けるから疲れる」が正しい。「気が置けない」は、「気（気遣い）を置く必要がない」といった意味。気が置けない相手なら疲れない。

東では、どちらが優勢かまでは分かりませんが、伝統的な「つなぐ」も、新しい「つなげる」もともに使うと思われます。しかし、西では、「つなげる」は、(気持ちが悪くて)使えないという人が多いかもしれません。

ところが、近年、「つなぐ」よりはむしろ「つなげる」のほうが、しっくりくるというものも出てきました。これまでは、「つながる(〜ガ〜ニつながる。自動詞)」と「つなぐ(〜ヲ〜ニつなぐ。他動詞)」とで、自他の対立を見せていましたが、今や、自動詞「つながる」に対して、「つなぐ」「つなげる」という、二つの他動詞が対立する形となり、他動詞同士では、意味の重なりを見せながらも、徐々に棲《す》み分けが始まってきたようなのです。中でも、〈つながりにくいものやつながると有益なもの〉については、「つなげる」が使われる傾向が強くなってきたように思えます。特に、〈何かと何かがあるかかわりをもってつながるようにする〉意で使うもの、例えば「新企画を会社の再興発展につなげる」「最後のチャンスを大量得点につなげよう」

使い方どっち？ 29

「恋人を袖《そで》に{振《ふ》る vs. する}」、どっち？

「袖にする」が正しい。袖にして身《み》頃《ごろ》(＝衣服で、体の前と後ろをおおう部分)から切り離す意で、親しくしていた人を冷淡に扱うという意。受け身の「袖にされる(＝冷淡にされる)」で使うことも多い。「振る」を用いた「袖振り合うも多生《たしょう》の縁(＝袖が触れ合うようなちょっとしたことも、前世からの因縁で起こるものだ)」という成句はあるが、「袖に振る」「袖に振られる」は誤り。

「与党の失政を今こそ解散総選挙につなげたい」などでは、もはや「つなぐ」「つなごう(=「つなぐ」+助動詞「う」)」「つなぎたい(=「つなぐ」+助動詞「たい」)」とは言えないのではないでしょうか。そこには、必ず〈つながってほしい〉という願望が伴うようです。「つなげる」には、生まれるだけの理由があったといえましょう。

先に見たように、「つなぐ」のほうが、「つなげる」よりも意味が広いことは確かですが、現在は「つなげる」のほうがしっくりくる用法も生まれており、一概に「つなげる」は誤りだなどと決めつけるわけにはいきません。「つなぐ」「つなげる」の使い分けは、意味用法に応じて、一つずつ、微妙な段階も考慮に入れつつ、考えるしかなさそうです。

(鳥飼浩二)

使い方どっち? 30

「貧乏を嘆くことはない。金は天下の回り物だ」は正しい?

金銭は一か所にとどまるものではないから、いま金を持っている者もいつかは失うし、いま金のない者もいつかは手に入れることができる、という意のことわざ。例文のように、お金のない人を慰めて使うこともあれば、「金は天下のまわりものだって云うけど私は働いても働いてもまわってこない」(林芙美子)と金に縁のない身を嘆くのに使うこともある。例文の言い方は正しい。

ポイント

「ネットで情報をつなげる」などの「つなげる」は、東日本に始まった比較的新しい言い方で、違和感を持つ人も少なくありません。しかし、「与党の失政を今こそ解散総選挙につなげたい」など、〈つながってほしい〉という願望の意を込めた用法では、「つなぐ（つなぎたい）」よりも「つなげる（つなげたい）」のほうがしっくりくる言い方になってきています。

【つなぐ／つなげる】

【金は天下の回り物】

お休みをいただいております

質問 取引先に電話して担当者が休みの場合に、よく「山田は本日お休みをいただいております」と言われるのですが、おかしくないでしょうか。

答え 「いただく」というのは「もらう」の謙譲語ですから、相手が与えてくれたものを敬意とともに感謝の気持ちを込めて受け取ることを表すのが本来の使い方です。そこで、まずは「いただく」が使われてもおかしく感じられない例を取り上げてみましょう。

・この商品はおかげさまでご好評をいただいております。
・募金にご協力いただきありがとうございました。

使い方どっち？ 31

「そんなにののしり合うなんてみっともない。夫婦喧嘩《げんか》は犬も食わないよ」は正しい？

例文は、喧嘩をしている夫婦に向かって、喧嘩を戒めてこの成句を使っているもの。こういう使い方もかなり広まっているが、本来の用法ではない。「夫婦喧嘩は犬も食わない」の本来の意味は、夫婦喧嘩の細かい内情は知りがたいし、すぐ仲直りするものなのだから、他人の仲裁や口出しは無用であるということ。「夫婦喧嘩は犬も食わない、よけいな気を回すことはない

・たくさんの方から励ましの言葉をいただきました。

　これらの例に共通するのは、①相手が何かを与えてくれて、②受け手はそれを恩恵と受け止めているという点です。

　次に「山田は本日お休みをいただいております」という質問の例に移りましょう。もしこれが休みを与えてくれた相手との会話で、その人の行為を恩恵と感じている社員が話しているのならおかしくありません。例えば自社の社長に「先週お休みをいただいてグアムに行ってきました」などと言うのなら自然でしょう。しかし、質問の例の場合、取引先が休みを与えてくれたわけではないのですから、取引先に恩恵を感じるいわれはありません。つまり、この例には①相手が何かを与えてくれて、②受け手はそれを恩恵と受け止めているという状況が全くあてはまらないのです。それなのに「いただく」が使われているからおかしいと感じてしまうわけです。

　しかし実際にはこの種の言い方が頻繁に使われています。最

よ」「放っておけ、夫婦喧嘩は犬も食わないよ」などと使う。

近非常に多く聞くようになってきた「させていただく」という言い方もその一つです。

・本日、都合により休業させていただきます。
・ホームページサービスにおいてメンテナンスを実施させていただいております。
・○○の欄、いつも楽しく拝見させていただいております。

これらの例も質問の例と同様に、自分の意志で行う行為を表しています。それなのに、あたかも相手に許しを得てから行うかのように装っています。それによって相手を立て、自分は恩恵を受けているというへりくだった気持ちを表しているわけです（『続弾！問題な日本語』「おタバコはご遠慮させていただきます」参照）。相手に対する敬意や感謝の気持ちをことさらに表さなければならない場合ならともかく、不注意に使うと冗長に感じられたりかえって押しつけがましく感じられたりすることがあ

使い方どっち？ 32

「話の流れに棹《さお》さすようで恐縮ですが、質問させてください」は正しい？

「棹《さお》」は、水の底を突いて舟を進ませる長い棒。それを操って、流れのままに舟を進めるのが「流れに棹さす」。物事を流れに乗せて順調に進行させるという意味。「あの会社は時代の流れに棹さして急速に成長した」などと使う。棹を突き立てて流れをせき止める、流れに逆らうと解するのは誤り。よって、例文は誤り。

ります。質問の例も「山田は本日休みをとっております」のようにすっきりと言い切ったほうがよいでしょう。これではストレート過ぎると感じる人は、一言「申し訳ございませんが」を添えて相手に配慮していることを示せばよいと思います。

（砂川有里子）

ポイント

休みを与えてくれたわけでもない取引先の人に、「山田は本日お休みをいただいております」と恩恵を受けているかのように言うのは適切ではありません。「本日休みをとっております」のように、すっきりと言い切ったほうがよいでしょう。

【お休みをいただいております】

あいにく安倍はお休みをいただいておりまして…
あー？？いただいてるだァ？
オレは別に休んでいいって言ったおぼえねーけどなー
そっちが勝手に休んでんだろ——？
ぐちぐち
ねちねち
えっ…
だいたい休暇は労働者の権利なんだからさー自由に休みゃいーんだよな〜？
ぐちぐち
あ…あの……
数日後
安倍はやめました
あ
やりすぎた

本が売っている

質問 最近「本が売っている」という表現をよく耳にするのですが、どうしてこんな言い方をするのでしょうか。

答え 「『問題な日本語』が販売中である」という出来事を初めて知らせるような場合に、「『問題な日本語』が本屋で売ってたよ」という言い方がされることがあります。ある状態に気がつき、それを他人に伝える場合、「ほら、猫が寝ているよ」とか「頭にゴミが付いているよ」「あれ、封が切ってあるよ」のように、「○○が～している」とか「○○が～てある」のような言い方をします。「本が売っている」もこの型に当てはまっていて、それなりに意味は分かるのですが、何か引っかかる感じがします。

使い方どっち？ 33

「木で鼻をくくったような冷たい態度」は正しい？

この「くくる」は、ひもなどを物の回りに巻いてしめる意の「括《く》る」ではない。こするという意味の「こくる」を「くくる」と誤用し、それが一般化したもの。「木で鼻をこすったよう」という意味。鼻をこするのに木を用いたのでは、しっくりしないことから、そっけない態度、冷淡なようすを形容する。この使い方は正しい。

「～ている」は、動作を表す動詞なら、動作が進行中であることを表し、変化を表す動詞なら、結果の状態が残っていることを表します。動作を表す「歩く」なら「歩いている」は歩いている最中の状態を、変化を表す「座る」なら「座っている」は座った後の状態を表します。「並べる」と「並ぶ」のような自他の対応を持った動詞の多くは、「太郎が本を並べている」のように他動詞では「太郎」の動作の進行中の状態を、「本が並んでいる」のように自動詞では本の結果の状態を表します。「並べる」のような対象に変化をもたらす他動詞では、「～てある」を使って、「本が並べてある」のような言い方もできます。

ここで注目して欲しいのは、

太郎が本を並べる　↓　**太郎が**本を並べている

本が並ぶ　↓　**本が**並んでいる

本が並べられる　↓　**本が**並べられている

のように、「～ている」が付いた文では基本的に、その前の動詞に付く主語がそのまま使われるということです。「本が並べ

使い方どっち？ 34

「三つ子の魂《たましい》百までで、母が歌ってくれた子守歌はまだ覚えているよ」は正しい？

「三つ子」は、双子、三つ子、四つ子の「三つ子」ではなく、三歳児のこと。「三つ子の魂百まで」は、三歳くらいの幼いときに形成された性格は、年を取ってからも変わらないということ。「三つ子の魂百までというけれど、あいつの気の短さは全然変わらないね」「三つ子の魂百までだ。幼児教育をおろそかに考えないほうがいいよ」などと使う。例文のように、幼時のことをいつ

られている」のように、受け身を使って「本」を主語とした文を作ることもできます。

さて、問題は、「売る」という動詞です。『問題な日本語』が販売中であるという出来事を伝えたいのですから、「『問題な日本語』が」を主語にした文を作りたいのですが、「売る」には対応する自動詞がありません。販売用に並べるのですから、「並べてある」と同様に「〜てある」を使って言えそうな気もしますが、「売る」は対象の変化を表さないために、「『問題な日本語』が売ってある」とは言えません。「売る」を使って、販売中の状態を表すには、「『問題な日本語』が売られている」という言い方しかできないのですが、少し回りくどい感じがします。そこで、「販売中である＝売っている」と考えて、そのまま、「『問題な日本語』が売っている」のように言ってしまったのでしょう。「『問題な日本語』が売っている」は、「〜が」と述語とがねじれた、文法的には誤った言い方です。「〜が」は、先に見たように述語の形と緊密に関わります。会話だけで

までも記憶している、の意で使うのは誤り。

なく、作文でも述語とのねじれがよく起こりますので、注意したいものです。

なお、「〜が」を付けないで、「『問題な日本語』、売っているよ」のように言うと、許容度が格段に上がります。「〜が」を付けると不自然になりますし、「〜を」を付けると「（本屋が）『問題な日本語』を売っている」と、『問題な日本語』から視点がずれてしまいます。何も付けずに、ぽんと話題を提示することで、『問題な日本語』に視点を当てることと、「売っている」という述語との関係をぼやかすことを両立させています。何も付けないことが大きな働きをしています。

（矢澤真人）

ポイント

「本が売っている」は、〈本が販売中である〉という出来事を伝える場面で使われますが、主語と述語がねじれた、誤った言い方です。「〜が」は述語の形と密接に関わるので、ねじれを起こさないよう注意が必要です。

【本が売っている】

問題な日本語
買ってください
買って
買って？
ねェボクを買ってよ
ジャマだ
どけー!!
買ってよ
ねェ
買ってってば
ウロ
ウロ
『問題な日本語』が売っている…
問題だわ……!!

真逆《まぎゃく》

質問 この頃「真逆《まぎゃく》」という言葉をよく耳にしますが、こんな日本語はあるのでしょうか。

答え たしかに、「立場が真逆だ」とか「前とは真逆の結論」など、最近「真逆《まぎゃく》」という言葉がよく使われています。話し言葉で使うことが多いのですが、文章の中での使用例も時々見かけます。「逆」を強調するには、「まったく逆」「まるっきり逆」のように副詞を添える言い方があるわけですが、それを一語で簡潔に表現したものと言えるでしょう。『問題な日本語』で色彩の「真っ茶」について取り上げましたが、「ま（真）」という接頭語は通常「真後ろ」「真横」など和語に付くのが普通だということもあって（「真正面」などの言い方はありますが）、この

使い方どっち？ 35

「話が{早い vs. 速い}」、どっち？

この頃、ネットやメールの文章で、「はやい」に「速い」を当てているのを多く見かける。「早い」「速い」の書き分けは、微妙なものもあるが、ぐずぐずせずにさっさとする（なされる）という意のときは、「早い」と書くのが慣用。「話が早い」「足が早い（＝腐りやすい、また、売れ行きがよい）」「手が早い」「耳が早い」「気が早い」など、どれも「早い」と書き、「速い」と書かない。「早耳」なども、「速耳」は誤用とみなされるだろう。

「真逆」には違和感を覚える向きも多いようです。なお、「まさか」という副詞を「真逆」と書くことがありますが、それは、この「真逆《まぎゃく》」の成立とは無関係だと思います。

同じような意味を表す語として、「正反対」がありますが、「真逆」は、それとは違ったニュアンスを込めて使われているようです。いつごろから使われだしたのかは、はっきりとはわかりませんが、「朝日新聞」「日本経済新聞」などの検索システムによると、二〇〇〇年ころから例が見られます。初期のものとして、次のような例がありました。

クリエーターたちの合言葉「人のやっていないことを考えろ」や「真逆（まぎゃくと読む。テレビ業界で最近よく使われる言葉）を考えろ」とはオリジナリティーを大切にする、という意味と同時に、実はヒット作りの近道であることを教えている。（「日経流通新聞MJ」二〇〇二・一二・二四）

使い方どっち？ 36

「胸が｛踊《おど》るvs.躍《おど》る｝」、どっち？

現在の表記の書き分けでは、「胸が躍る」が正しい。「踊る」は、音楽に合わせて体を動かす、舞踊・ダンスをおどるの意に、「躍る」は、勢いよく跳んだりはねたりする、躍動するの意に書き分ける。「胸が躍る」「心が躍る」などの、気持ちが高ぶりわくわくする意の成句は、「躍る」を使う。

この例は、括弧内に注釈を入れていて、当時（といっても数年前に過ぎませんが）「テレビ業界」で流行しだしていたことの証言となっています。〈従来とはまったく違った見方〉〈逆転の発想〉といった意味が込められ、それが新鮮でインパクトのある表現として好まれるようになったのでしょう。二〇〇四年の流行語大賞では、ノミネートされた六〇語の中にこの「真逆」が入っていて、新語・流行語という扱いを受けています。

ＮＨＫのホームページ「気になることば」の中で、この「真逆」を取り上げ、この語の語源としては、もともと映画界で頭の真後ろからライトを当てる手法をこう呼んでいたところから来ているのではないかという説を紹介していますが、その当否はわかりません。ある方面の専門語や隠語が一般化していくというケースはよくありますが、そうした用語が流行語的に広まっていくかどうかは、また別の問題になります。

この「真逆」については、自分は嫌いで使わないとか、某タレントあるいはアナウンサーが使っているのが気になるといっ

使い方どっち？ 37

「{精根《せいこん》 vs. 精魂《せいこん》}尽きる」、どっち？

「精根尽きる」が正しい。強調して「精も根も尽き果てる」というように、「精根」は「精と根」、つまり、精力と根気のこと。物事を成し遂げようとする活力も気力もなくなるという意で、「精根尽きて倒れる」「精根尽きるまで戦い抜く」などと使う。「精魂」のほうは、物事に打ち込む精神、たましいのこと。「精魂込めて造った酒」のように使う。

た指摘が編集部に多く寄せられています。ただし、新語・流行語の類なのですから、誤用の問題などとは異なり、それを使うかどうかは各人の判断によるものということになるでしょう。こうした語を使う場合、伝統的な用語ではなく、最近の新造語であることを知った上で適切に使ってほしいものです。

（小林賢次）

ポイント

「真逆」は、伝統的な用語ではなく、「逆」を意識的に強めた新語です。使う場合にはそれを踏まえて適切に使いましょう。

嫁・嫁さん

質問　自分の妻を「嫁」と言っている人がいますが、「嫁」をそういう意味で使ってよいのでしょうか。

答え　「嫁」という語は、大変古いことばで、家（制度）の観点から見ていう語です。本来は、息子の妻として、その家の一員となった女性の意で、「うちの嫁は働き者だ」「嫁と姑《しゅうとめ》のいさかいが絶えない」などと使うほか、また、その資格や役割に注目して、「長男の嫁を探す」「長男に嫁の来てがない」「太郎が○○家の長女を嫁に（＝嫁として）もらう」「太郎が花子を嫁に（＝嫁として）迎える」などと使います。これが最も伝統的かつ一般的な意味用法でしょう。

次に、「嫁」には、結婚しようとする男性の観点から見てい

使い方どっち？ 38

「幅を{利かせる vs. 効かせる}」、どっち？

一般に「利く」「効く」は、機能が働く意で「利」、効果・効能が現れる意で「効」と書き分ける。身体に関する成句では、その部位がきちんと働く意で「利」を使う（「顔が利く」「口を利く」「目が利く」）。勢力をふるう意の「幅をきかせる」の場合も、幅（＝人物の広さや広がり、転じて、威勢のあること）を機能させる、という意味合いで、やはり「利かせる」と書く。よって、「利かせる」が正解。

う、結婚の相手としての女性（＝妻となる女性）の意があって、「おれの嫁さんになれよ」「♪お嫁においで〜」などと使います。ちなみに、女性の立場からは、「お嫁さん」となることが多く、「大きくなったら太郎君のお嫁さんになるの」などと使います。

この用法のすぐ隣にあるのが、ご質問の自分の妻を「嫁」という言い方で、「子供の教育は嫁（＝女房）に任せっきりです」「家では病気の嫁（＝妻）と二人の子が私の帰りを待っています」「僕の嫁（＝上さん）は料理が苦手で、…」などと使います。ご質問にあるように、この言い方には標準をはずれた感じがあって、誤りだと思う人、そうは思わないまでも、変な言い方だと感じる人も多いかもしれません。

ネットでの使用は、「僕の嫁（さん）」「おれの嫁（さん）」「私の嫁（さん）」の形で調べた限りでは、かなり広範に使われているようです。新聞の使用例を検索してみますと、

・努力を支えた妻・慶子さんはこの日が33歳の誕生日。「嫁

使い方どっち？ 39

「世間をあっと言わせた〈A 殺人事件 vs. B 新発見〉」、どっち？

「あっ」は、驚いたり感動したりするときに発する感動詞。人に「あっ」と言わせるような、驚きや感動を与える物事を形容するのが「あっと言わせる」。ふつう、事故や犯罪が耳目《じもく》を驚かす意では使わず、「世間をあっと言わせた殺人事件」は誤り。Bが正しい。

にオリンピック切符をあげたいと思っていた」（近代五種の選手、村上佳宏さん、静岡県出身）

・（機内では）**嫁**が送ってくれた日本のテレビ番組のＤＶＤを見たり、寝たり（マリナーズの城島選手、長崎県出身）

・本塁打はたまたま。**嫁さん**のおかげですね（オリックスの相川良太選手、福岡県出身）

・「鬼嫁日記」の作者カズマさん「嫁に小遣いなしにされたこと」がきっかけでブログをはじめた。

などが見つかりました。例外もありますが、「嫁（さん）」を妻の意で使う言い方は、西日本のある地域（特に九州？）では、口頭語としてかなり一般化しているようです。標準的な意味用法が拡張され、方言として使われてきたものが、今やネットを通して拡大しつつある例と言えましょうか。なお、第三者の立場から他人の妻を指す「彼の嫁（さん）」はなかなかのしっかり者だ」などは、ごく一般的な言い方です。

（鳥飼浩二）

使い方どっち？ 40

「{A交通事故 vs. B大口の注文}が後《あと》を絶たない」、どっち？

「後を絶たない」は、同じような物事や現象が次々に起こったり継続したりして絶えることがない、という意。「陳情にやってくる市民が後を絶たない」「スキャンダラスなうわさが後を絶たない」など、それが少なくなることが望ましいという気持ちでいう。「大口の注文が後を絶たない」のように、望ましいことが続くことにはいわない。Aが正しい。

ポイント

「嫁」は、一般に、①息子の妻として、その家の一員となった女性、②男性の結婚相手としての女性、③他人の妻、などの意味で使います。①②の意味から転じて、口頭語として、④自分の妻（嫁にオリンピック切符をあげたい）の意味で使うことも一般化しているようです。

【幅を利かせる】

喝《かつ》を入れる／活《かつ》を入れる

質問　「かつを入れる」の「かつ」は、ずっと「喝《かつ》」だと思って使っていましたが、間違いなのでしょうか。

答え　「かつを入れる」は、何かの刺激を与えて元気づけるという意味ですが、この「かつ」を「喝」だと思っている人はとても多いようです。しかし、「活」が正しく、「喝」は誤りです。「活」には、生きること、生き返らせること、さらには気絶した人をよみがえらせる術という意味があり、「活を入れる」はそういう術をそそぎ込むという意味です。「入れる」は「気合いを入れる」「念を入れる」などの「入れる」です。

「喝」は、仏教の禅宗で、誤った考えや迷いを叱《しか》り、あるいは励ますときに発する大きな声のことです。テレビの番組で、

使い方どっち？ 41

「砂を嚙《か》むような{A 苦しさ・B 悔《くや》しさ・C 味気《あじけ》なさ}を味わう」、どれが正しい？

砂を嚙むとどんな感じなのか思い浮かべると、どれも当てはまりそうだが、正しい使い方は、C「砂を嚙むような味気なさを味わう」。砂を嚙んでも味がないことから、無味乾燥なようすをいう。苦しみやつらさ、悔しさについていうのは一般的ではない。なお、「砂を嚙んだような」と過去形で使う人もまれにいるが、避けたい。

スポーツ選手を「あっぱれ」と褒め、「喝」と叱っているのはほぼ正しい使い方です。「喝」の本来の意味は、叱る、おどす(「一喝」「大喝《たいかつ》」)、大声を出す(「喝采《かっさい》」)という意味です。「拍手喝采」は、拍手をし、大声を上げてほめそやすことです。

「喝」の大声で叱り励ます意味が、「活」の生き返らせ元気づける意味と通じるところから、誤りが生じるのでしょう。しかし、「活」は「入れる」ことができますが、「喝」を「入れる」ことはできません。話したり、聞いたりしているときには、同じ音ですから、気にもとめませんし、問題にもなりませんが、いざ書くとなると分からなくなるのです。こういう類は、ほかにもたくさんあります。次にその一例を上げますので、試してみてください。( )の中のものが正しい漢字です。

跡には引けない (後には引けない)
息の音を止める (息の根を止める)
意に会する (意に介する)

使い方どっち? 42

「{かたず vs. かたづ}を呑《の》む」、どっち?

もともと「かた(固)」+「つ(唾)」からなる言葉だが、現代語の意識では二語に分解しにくいものとして、「現代仮名遣い」*では「かたず」と書くのが本則*。「かたづ」は「許容」*として認められている。

*「現代仮名遣い」=一般の社会生活において、現代の国語を書き表すための仮名遣いのよりどころとして定められたもの。昭和六一年内閣告示。

*本則=「現代仮名遣い」における

大見栄を切る　（大見得を切る）
押して知るべし　（推して知るべし）
温古知新　（温故知新）
欠けがえのない　（掛け替えのない）
片肘張る　（肩肘《かたひじ》張る）
危機一発　（危機一髪）
ご他分に漏れず　（ご多分に漏れず）

いかがだったでしょうか。これは、どういう漢字を当てるかということだけでなく、意味にも関わってくる問題です。当てる漢字を間違えて使っていると、意味まで間違ってきます。『明鏡 ことわざ成句使い方辞典』（大修館書店）にはこういう誤用例を数多く取り上げ、「誤用索引」も付けましたのでご参照いただければ幸いですが、間違った使い方をしているものがほかにもたくさんありますから、他人事《ひとごと》だと思わずに、日ごろから注意して確認しておくことが大切です。（北原保雄）

基本的なきまり。
＊許容＝本則による形とともに、慣用として行われていると認められるもので、本則以外に、これによってよいもの。

【喝を入れる／活を入れる】

ポイント

「喝を入れる」は間違いで、正しくは「活を入れる（＝気絶した人をよみがえらせる「活」という術をそそぎ込む、刺激を与えて元気づける）」です。

ずっ…
じょり
あさりのみそ汁の
あの瞬間の味気なさと
いったら――
く〜っ
わかる

【砂をかむよう】

…ごくり。
……ごくり
……。
黒酢を飲む…
今日も
むせずに
飲めたわね
ドキドキ
健康も
大変だなー

【かたずをのむ】

次の話題に移りたいと思います

質問 「次の話題に移りたいと思います」など、「〜たいと思います」という言葉がとても耳障りです。適切な言い方なのでしょうか。

答え まずは「〜と思います」について考えてみましょう。この言い方は断定を弱めるときによく使います。

・この人が犯人だと思います。
・返事は今日中に届くと思います。

「この人が犯人です」「返事は今日中に届きます」と言うとはっきり断定していると感じられますが、「〜と思います」を付け

使い方どっち？ 43

「{いまは vs. いまわ}の際《きわ》」、どっち？

「今は限り」の意で、「いまわ」の「わ」は本来助詞の「は」。しかし、もはや助詞「は」とは意識されず、「いまわ」で一語であると解されやすいとして、「現代仮名遣い」では「わ」と書くことになっている。「いまわの際」が正解。ほかに、「すわ一大事」「雨も降るわ風も吹くわ」「きれいだわ」などの「わ」も、「は」ではなく「わ」と書く。

るとその断定が弱まり、話し手の確信が十分でないことが表されます。

この「〜と思います」に「〜たい」が付いて「〜たいと思います」という形になると、話し手の希望を表すときの言い方に変わります。

・応募したいと思いますので、必要な手続きを教えてください。

・この夏こそ家族旅行をしたいと思います。

この場合は「〜と思います」を取り除き、「〜たいです」と言っても意味が変わりません。それなのに「〜と思います」を付ける人が多いのは、形容詞に「です」を付けた「高いです」「嬉しいです」のような形がまだ完全には許容されていないことによるものでしょう（『問題な日本語』「理由は特にないです」参照）。

使い方どっち？ 44

「後輩にここまで見事に仕切られては、頭が{上がりません vs. 下がります}」、どっち？

「頭が上がらない」「頭が下がる」は、頭が低い位置にある点では同じだが、頭が上に上がらないのと、頭が下に下がるのとでは、意味は異なる。前者は、頭を上げようとしても上げられない、つまり、相手に負い目を感じて対等にふるまえない意。後者は、自然に頭が下がってしまう、つまり、感服し、尊敬の念がわくという意。後輩に仕切られて先輩としての立場がないのだかさて、同じ「〜たいと思います」という形でも、司会者が「次の話題に移りたいと思います」と言ったときはどうでしょうか。もし、司会者がその先に「構いませんか?」と続けたのならすでに述べた希望の用法と同じですが、そうではなく、ただ単に次の話題に移ることを述べているときはどうでしょう。この場合は、希望の表明でなく自分の行為の宣言です。テレビレポーターが急ぎ足で現場に向かいながら「今から現場に行ってみたいと思います」と言うのも同じです。スポーツアナが「選手のみなさんに一言エールを送りたいと思います」というのも今まさに宣言しているのですから、これからやりたいことを述べているのではなく、そう言った瞬間にエールを送っていることになります。

自分の行為を宣言するときに「〜たいと思います」が使われるのは、「今から現場に行きます」や「エールを送ります」と言い切ってしまうのがぶっきらぼうに聞こえるためでしょう。確かにこの種の言い方は、ときとして「自分は断固遂行する

ら、「頭が上がりません」が正しい。

ぞ」という強い調子を伴います。「〜たいと思います」を付ければ婉曲《えんきょく》的な表現に変わりますので、話し手としては丁寧に話しているつもりなのかもしれません。しかし、冗長だという印象はぬぐえませんし、ときとして不快だと感じる人さえいます。特に、「みな様に深くお詫びしたいと思います」などと聞くと、「思っているだけで謝罪しないのか」と文句を言いたくなりますし、政治家の「誠心誠意頑張りたいと思います」に対しては「気持ちだけじゃなくホントに頑張れよ」と活を入れたくなります。このような場面では、はっきりと「します」「いたします」と明言してほしいものです。（砂川有里子）

ポイント

「〜たいと思います」の本来の用法は希望の表明です。この表現を今やろうとしている行為の宣言に使うのは、ぶっきらぼうに言い切るのを避けようとしてのことでしょうが、冗長な印象や、時に不快な印象を与えます。自分の行為を宣言するときは「します」「いたします」とはっきり言い切ったほうがよいでしょう。

【～たいと思います】

こんな汚れた大人には絶対なりたくないー
と思うー
この翼で自由に大空を飛びたい
と思うんだー
くさった世間に反乱をおこしたい
と思うラー
このバンドってなんかコミラもひとつなのよねー
なんなんだろねー
ポリポリ

お茶とかする？

質問 「お茶とかする？」など、一つのことしか言わないのに「とか」を付ける言い方が気になります。適切な言い方でしょうか。

答え 日本語では、相手がわかっていることを、ことさら言わない傾向があります。「わかってるなら、言わないでよ」とか「そこまで言うか？」といった非難がなされるのもこのためです。

一つ示せば、それ以外が類推できる場合には、だらだらと羅列しないで、あとは相手の推測に任せることもしばしばです。「昨日は、ちょっと熱っぽかったし」のように、理由の一端を「し」で示したり、「コーヒーなどいかがですか」のように、代

使い方どっち？ 45

「開店時間までは、準備中の看板を｛下《お》ろす vs.下《さ》げる｝」、どっち？

「看板を下ろす」は掛けてあった看板を外すこと、「看板を下げる」は看板を取り付けぶらさげること。例文の場合は、「準備中」という看板を出しておく意だから、「看板を下げる」が正解。「看板を下ろす」は、その日の営業を終えて店を閉める、また、廃業して店をたたむという意。「あの老舗《しにせ》もとうとう看板を下ろしたよ」などと使う。

表的なものを「など」をつけて示したりするのもこれです。

「コーヒーなど」ではなく、「コーヒーはいかがですか」とすると、選択肢はコーヒーだけになり、相手の判断を狭めることになります。仮にコーヒー以外の準備がなくても、「コーヒーなどいかがですか」と言うのは、コーヒーを押しつけるつもりで言っているのではないという気持ちを表すためです。

問題の「お茶とかする？」も、基本的には、お茶だけに限定するつもりはないという相手への配慮を表そうとした表現であり、「お茶などいかがですか」と同じだと言えるでしょう。はっきり言わない、ぼやかし表現の効果です。

「とか」は、「AとかBとか」のように二つ以上のものを並べるのが規範的だとされますが、若者の「とか」の用法を調査した論文によると、若者の携帯メールやeメールの文章では、実例の半数が「Aとか」といった単独用法になっているそうです。しかも、そのかなりのものが、ほかのBやCを類推するのが難しい、Aだけを話題にする用法でした。常に相手を気にしてい

使い方どっち？ 46

「友人を裏切ることになって{寝覚め vs. 目覚め}が悪い」、どっち？

「悪い夢を見て寝覚めが悪い／目覚めが悪い」はどちらも正しいが、例文の場合は「友人を裏切ることになって寝覚めが悪い」が正しく、「目覚めが悪い」は誤り。「目覚め」「寝覚め」はほぼ同じ意味を表すが、「ある行為が反省されて、心が安まらない」の意味では、「寝覚めが悪い」という。

ないとハブ（仲間はずれ）にされてしまう、過剰な気遣いが求められる若者社会を反映しているのでしょうか。

「お茶など」のような言い方は、昔からある表現です。しかし、のべつまくなしに使うのではなく、相手を誘ったり依頼をしたりするような、特に対人意識が強くなる場面に使って、表現効果を高めていました。

「とか」を連発すればするほど、ぼやかし効果は薄まり、はっきり言わないという相手への配慮を示しにくくなります。ぼやかし表現の効能は、若い人たちもよく知っていますので、「とか」のぼやかし効果が薄まったら、別のもっとぼやかす言い方を引っ張ってこなければならなくなるでしょう。共通理解の多いうちわであれば、いくらぼやかしても、気持ちは伝わるかもしれません。しかし、面接のような、他の人とかしこまって話す場面で、うちわ向けのぼやかし表現を連発したのでは、好印象は与えられないでしょう。適切な場面に使ってこそ、表現効果があるというものです。

（矢澤真人）

使い方どっち？ 47

「発明は必要の母」vs.「必要は発明の母」、どっち？

「必要は発明の母」が正しい。発明は必要に迫られることから生まれるということ。敢《あ》えてもじって「発明は必要の母（＝いったん発明されると、使われる必要・用途が生まれてくる）」などと使われることもあるが、成句としては誤り。

ポイント

相手を誘う場面で使われる「お茶とかする？」は、「お茶」だけに限定することを避けた、配慮のこもった表現です。しかし、このようなぼやかしの「とか」は、かしこまって話す場面では使いすぎないほうがよいでしょう。

【～とか】

お陰様をもちまして

質問 「〜をもちまして」という表現が気になります。「〜をもって」でよいのではないでしょうか。

答え 最近、確かに、「〜をもちまして」という言い方が目立ちます。たとえば、

・以上をもちまして、私のお話を終わりとさせていただきます。
・今月末をもちまして、閉店いたします。
・略儀ながら、書中をもちまして、ご挨拶《あいさつ》申し上げます。
・お陰様をもちまして、十周年を迎えることができました。

使い方どっち？ 48

「苦虫《にがむし》を噛《か》んだような顔」、おかしいのはどこ？

「苦虫を噛んだような」ではなく、「苦虫を噛みつぶしたような」が正確な言い方。きわめて不愉快そうな顔、苦い表情の形容。「苦虫を噛んだよう」でも意味は通じるが、「噛む」だけでは「噛みつぶす（＝噛んでつぶす）」ほどの苦々しさは生まれない。きっちり噛みつぶして、苦々しい顔の形容としたい。

というような言い方です。
「をもって」は「を」と「もって」が連合したもので、助詞の「で」とほぼ同じ働きをするので、助詞相当連語などと呼ばれます。助詞相当連語には、ほかに、「をして」「について」「によって」「において」などがあります。

・私をして（＝ニ）言わしむれば、
・環境問題について（＝ヲ）学ぶ。
・テレビによって（＝デ）世界のニュースを知る。
・次のオリンピックは北京において（＝デ）開催される。

いずれも、（　）の中に示したように、一つの助詞に置き換えることができます。それがまさに助詞に「相当」するということですが、たとえば、「テレビによって」といえば、「テレビで」というよりも、テレビを手段としてという意味がより明確になりますし、「北京において」といえば、「北京で」というよ

使い方どっち？ 49

「こんなところから落ちたら{お陀《だ》仏《ぶつ》vs.お釈迦《しゃか》}になるよ」、どっち？

「お陀仏になる」は、人が死ぬこと、また、物事がだめになること。南無《なむ》阿弥陀仏《あみだぶつ》と唱えて往生する意からいう。「お釈迦になる」は、品物が出来が悪かったり壊れたりして使いものにならなくなること。一説に、職人が阿弥陀仏を鋳《い》るはずが誤って釈迦を鋳たことから出た語という。人が死ぬことは「お釈迦になる」とは言わない。「お陀仏になる」が正しい。

りも、北京がオリンピックの行われる場所であることがより明解になります。助詞相当連語の使用にはそういう効用がありま す。

助詞相当連語は、まさに助詞相当の「連語（＝二つ以上の単語が連結して、一つの単語と同じような働きをするもの）」で、慣用固定化したものですから、一般に敬語表現が入ることはないのですが、前掲の「をもちまして」だけでなく、他の連語においても、

・環境問題につきましては、申し上げるまでもありません。
・テレビによりまして知ったのであります。
・北京におきまして開催されるオリンピックは、

などのように丁寧語の「ます」を介入させる言い方が多用されています。「について」の「ついて」は「就いて」、「によって」の「よって」は「依って」、「において」の「おいて」は「置い

使い方どっち？ 50

「わが社も〔例 vs.例外〕に漏《も》れず全館禁煙となった」、どっち？

「例に漏れず」は、世間一般と同様に、例外ではなく、という意味。わが社も世間と同じように全館禁煙になったということで、「例に漏れず」が正解。「例外に漏れない」はすなわち、例外の意。こういう言い方はしない。

て」で、「就く」「依る」「置く」は本来は動詞ですから、これに「ます」を付けることは可能ではあります。ただこれらの動詞はほぼ完全に形式化しており、慣用固定化していますから、本来丁寧表現は入らないはずのものです。

なぜこういう言い方がされるのか。それはやはり「丁寧」を通り越して「ご丁寧」に表現しようとする気持ちからでしょう。副詞の「改めて」を「改めまして」、接続詞の「ついては」を「つきましては」というのも同じですし、「先生にとっては」を「先生にとられましては」などというのも、同じ気持ちから出た敬語の過剰表現です。

さて、肝心のご質問が最後になりましたが、「をもって」の場合は、「もって」は「以て」と表記されるように、「持って」という動詞の働きは完全に失われています。確かに語源は「持ちて」ですが、何を持つのかという実質的な意味は無くなっていて、「就く」「依る」「置く」などの場合よりもさらに形式化が進んでいます。「持ちて」でないなら（ないから）、「をもち

使い方どっち？ 51

「火を{見るように vs. 見るよりも}明らか」、どっち？

どっちも意味は通るが、「火を見るよりも明らか」が正しい。燃えている火よりも、もっとはっきり見える意から、明白で疑う余地がないさまの形容。「この計画が失敗するのは火を見るよりも明らかだ」など使う。

まして」という言い方はできないことになります。ところが、面白いことに、「をもちまして」という場合、その表記には「を持ちまして」を当てる人が非常に多いのです。「を以ちまして」とは書けないということもありますが、潜在的に「持って」という意識が働くのでしょうか。

「お陰で」「お陰様で」「お陰様をもって」「お陰様をもちまして」と長く丁寧な言い方の順に並びますが、最後の「〜をもちまして」は明らかに誤った言い方です。

（北原保雄）

ポイント

●「〜をもって」は、助詞の「で」に相当する言葉で、「〜をもちまして」と丁寧表現にするのは誤りです。

無理めの女

質問 雑誌などで「無理めの女を落とす」などといった言葉を見かけますが、「め」はどんな語に付けてもよいのでしょうか。

答え 「無理めの女」の「め」(漢字で書けば「目」)は、文法的には接尾語と呼ばれるものです。この、接尾語の「〜目(め)」は、名詞の「目」から出たと考えられ、①数を表す語に付いて、順序・回数などを表すもの(二つめの信号・三回めの跳躍)、②動詞の連用形に付いて、区切りとなるところを表すもの(切れ目・折れ目・変わり目)、③形容詞の語幹、動詞の連用形に付いて、その度合い・性質・傾向などをもつことを表すもの(多め・長め・少なめ/控えめ・落ち目・勝ち目)があ

使い方どっち? 52

「{にがした vs. のがした}魚《さかな》は大きい」、どっち?

「にがした魚」も「のがした魚」も、「捕らえそこねた魚」という意味だが、この場合は「にがした魚は大きい」という。手に入れかけて失ったものは、惜しさのために実際より大きく見えるものだ、ということ。この「にがす」は、捕らえていたものを放す(鳥をカゴからにがす)の意ではない。なお送り仮名は、「逃がした」となる。「逃した」と書くと「のがした」と読まれる。

りますが、くだんの「〜め」は、③の「〜め」に該当するものです。

③の「〜め」は、右の用例に見るように、これまでもっぱら形容詞の語幹（活用語の中の、変化しない部分）、動詞の連用形に付いていたのですが、近年、その接続を急速に拡大しつつあります。まず、「多（おお）・長（なが）・少な」などの形容詞語幹に付くのではなく、「多いめ・長いめ・少ないめ」のように、形容詞連体形に付くようになってきました。こうなると、「め」は、形容詞語幹を名詞化する接尾語ではなく、形容詞で修飾される名詞に逆戻りしてしまいます。標準的な言い方からはほど遠く、辞書にはまだ記述されていませんが、口頭語では一般化しているように見受けます。

次に、様態を表す副詞（あるいは、形容動詞語幹）に付くようになったものがあります。「ゆっくりめ・たっぷりめ・きっちりめ・しっかりめ・のんびりめ・ほっそりめ・すっきりめ・ぐったりめ」などがそれで、もとの「ゆっくり・たっぷり・きっ

使い方どっち？ 53

「蓋《ふた》を{ひらけば vs. あければ}我がチームの圧勝だった」、どっち？

「弁当箱の蓋をひらく／あける」など、「蓋をひらく」「蓋をあける」はどっちもいえるが、物事を始める、興行を始めるという意味の場合は、「蓋をあける」という。「蓋をあければ〜」が正しく、「蓋をひらけば〜」は誤り。

ちり・しっかり・のんびり・ほっそり・すっきり・ぐったり」は、副詞としてもっぱら「～と」で受けてきたものですが、近年は「ゆっくりな動作」「たっぷりな栄養」「きっちりな仕事」…など、下の名詞を「～な」で修飾することも多くなってきました。こうなると、「ゆっくり・たっぷり・きっちり…」などは、形容動詞の語幹として働いているとも言えるでしょう。接尾語「～め」は、形容動詞語幹にも付くようになってきたわけで、そこから出たのが、ご質問の「無理め」ではないかと考えられます。増殖を始めたこれらの「～め」は、ひどく不自然ですが、日本語の現象の一つとしては、もう止めようがないところまできているように思います。

同類の「派手め」「地味め」などは、「無理め」よりはよく見かけるのではないでしょうか。ネットでは三者とも盛んに使われています。少数ながら「卑猥《ひわい》め」「鮮やかめ」「おおらかめ」「陰鬱《いんうつ》め」「ゆるやかめ」というのも出てきます。その気になって探せば、うんざりするほどみつかりそうです。

使い方どっち？ 54

「気骨(きこつ vs. きぼね)が折れる」、どっち？

「骨が折れる」は、労力を必要とする、という意だが、「気骨《きぼね》が折れる」は、それが特に精神的なものである場合にいい、気遣いを要するという意。「顧客の接待は何かと気骨《きぼね》が折れる」などと使う。「気骨」は「きこつ」とも読むが、その場合は、信念を貫こうとする強い心のこと。「気骨《きこつ》のある人物」などと使う。

さらに、野球の放送を聞いていると、従来の「高め［低め］の球」のほかに、相対的位置を表す名詞に付いた例として、新しい「外め［内め・上め・下め］の球」などの言い方が出てきます。

これら、新しい「〜め」は、フォーマルな場や正式な文書などでは避けるに越したことはありませんが、いずれは世の中にだんだんと浸透、定着していくのではないかと思われます。

（鳥飼浩二）

ポイント
●「長いめ」「少ないめ」（形容詞連体形＋め）、「ほっそりめ」「ぐったりめ」「無理め」（様態の副詞・形容動詞語幹＋め）などの「〜め」は、口頭語では一般化しつつあるようですが、改まった場や文書では避けるほうがよいでしょう。

【○○め】

オレはハデめより地味めの子のほうが好きだなー
あー
オレは違うな!
無理めの女をねらいにいくのが男の甲斐性ってもんでしょ
おまえハンターだからなー
おまえは?
うんうん
ボク?
ボクはアニメな女一筋だから
帰ってDVDでも観てろ

結果を出す

質問 スポーツ選手などがよく使う「結果を出す」が気になります。適切な使い方なのでしょうか。

答え たしかに、近年、〈よい結果を出す〉という内容を表すときに、「結果を出す」という言い方がよく使われています。

・次の試合では是非結果を出したい。
・チャンスをもらったのだから結果を出さなくては。

勝敗を争うスポーツ界では、特にこの「結果を出す」（あるいは「結果を残す」）という言い方が好まれ、選手だけでなく、解説者やアナウンサーなども広く使用しています。また、最近

使い方どっち？ 55

「分（ぶ vs. ぶん）に過ぎる」、どっち？

「分に過ぎる」は身の程《ほど》以上でふさわしくないさまの意で、「分」は「ぶん」と読み、分際《ぶんざい》、身の程（自分の立場や能力の程度）の意。「分《ぶん》に過ぎたお褒めをいただく」「おのれの分《ぶん》をわきまえる」などと使う。「分」は「ぶ」とも読むが、その場合は、優劣などの度合い、また、優勢であることの意。「分《ぶ》が悪い」「こちらに分《ぶ》がある」などと使う。

ではスポーツ界にとどまらず、「結果を出して皆様の信頼を得たい」のように政治家の発言などにおいても使われています。「結果を出したい人の……」といった書名も見かけました。

こうした現状に対して、「結果」というのはプラスの場合もマイナスの場合もあるのだから、「結果を出したい」などと使うのは不適切ではないか、という疑問を持つ人も多いようです。自動詞形「結果が出る」の場合は、「検査［集計］の結果が出る」「調査したところ……という結果が出た」のように、意味はプラスマイナスに関わらず中立になることが普通です。特に他動詞を用いた「結果を出す」の場合に、自身が挑戦して、その努力の成果や能力を発揮する、それが結果として現れるという意味に用いられやすいのだと思います。ただし、自動詞形の場合でも、「努力しているのだが、なかなか結果が出ない」のように使われることもあり、「今後は結果が求められる」などの表現も行われています。

このような用法は、本来意味的に中立であった語が、プラス

使い方どっち？ 56

「欲を｛掻《か》いた vs. 欠いた｝ばかりに、詐欺師にだまされた」、どっち？

「欲を掻く」が正しい。「欲をかく」は、さらに欲を出すという意で、「かく」は好ましくないものを表にあらわす意。「べそをかく」「恥をかく」などの「かく」に同じで、漢字で書けば「掻く」（常用漢字ではないので、平仮名で書くことも多い）。「欲を欠く」は、文字通り、欲が欠けている、欲がない、という意味で、この例文には適合しない。

の意味に使われるようになった例とみることができます。「あした天気になあれ！」の「天気」が、〈よい天気・晴れ〉を表しているのと同様な用法です。

「結果」という語と関連するものとしては、「因果」あるいは「果報」が思い浮かびます。もともと「因果」は、原因とその結果という因果律をいい、「果報」は、因果の法則による報いという意味で、ともに本来は中立的なものでしたが、仏教の言葉として広まるとともに、「因果」は「因果なことに」といった用法でマイナスの意味に、「果報」は、「果報は寝て待て」とか、「果報者」という使い方で、もっぱらプラスの意味に使われるようになりました。

「結果」の場合、現在でも基本は中立的ですから、「結果を出す〔残す〕」というプラス表現になじめないという人もいるのだと思います。「いい結果を出す」と言えばよいではないかというのは、たしかにそのとおりなのですが、「結果を出す〔残す〕」は、〈それなりの対応・準備をしてとりかかり、それがよ

使い方どっち？ 57

「〈丹誠《たんせい》vs.丹精《たんせい》〉を込めて盆栽を育てる」、どっち？

どちらかが間違いとは言いがたいが、しいていえば「丹誠を込める」が本来の使い方。もともと「丹誠」は、うそ偽りのない真実の心の意。「まごころ（を込めて行うこと）」という名詞の意では「丹誠」が比較的使われる。「丹精」は、「心を込めて、丹念に」という状態を表したり、サ変動詞として使ったりすることが多い（丹精して盆栽を育てる）。なお、新聞は「丹精／丹誠」を区別しないで統一的に「丹精」と書く。

い結果として現れる〉という意味の簡略的表現とみることができ、慣用的な言い方として認めてもいいのではないでしょうか。

（小林賢次）

ポイント

●「結果を出す」の「結果」は、それ自体で〈よい結果〉を表しているとみることができ、「よい結果を出す」という意味の簡略表現として認めてもよいでしょう。

結構です

質問　「結構です」は反対の意味に取られることがあって、使い方に悩みます。どのように使えばよいでしょうか。

答え　「結構です」や「いいです」は、断りの表現にも、了承の表現にも使われます。なぜ、こんなことが起こるのでしょうか。

　使い方を見ると、「結構ですね」とか「いいですね」のように、「ね」が付くと、了承を表しやすくなりますし、「もう結構です」とか「もういいです」のように、「もう」が付くと、断りを表しやすくなります。

　「ね」は、前に示す内容が、すでに聞き手の知識の中にあることを伝えます。「行きますね」は、「これから行く」というこ

使い方どっち？ 58

「{A高根・B高値・C高嶺}の花」、正しいのはどれ？

Cの「高嶺《たかね》の花」が正しい。「高嶺」は高い峰《みね》の意。はるかな山頂に咲いている花は欲しくても摘むことができないことから、遠くから眺めるだけで自分のものにはできないものをいう。高価で手が届かないの意に解してB「高値の花」と書くのは誤り。Aの「高根の花」は、新聞などで行われる書き方。「嶺《ね》(みね)」と「根」とが同じ語源だとされることから、表外字*の「嶺」を避けて「高根」で書いたもの。

とをすでに聞き手が知っているはずだから確認して欲しいという気持ちを表し、それが相手に対する念押しになります。

普通、「結構ですね」とか「いいですね」という言葉は、相手の提案に対する応答として用いられます。


「例の件、佐藤さんにお願いしてはどうだろう」「結構ですね」

「鮨《すし》でも食べに行こうか」「いいですね」


このように、相手も知っている「結構」なものは、相手の提案や判断だと考えてよいでしょう。相手の提案や判断が満足いくものであることを「結構です」「いいです」で示したのです。

一方、「もう結構です」の場合はどうでしょうか。この言葉は、相手が何かを追加する意向を示した場合に、断るのに使います。

＊表外字＝常用漢字表にない漢字。常用漢字表は、一般の社会生活において、現代の国語を書き表す場合の漢字使用の目安として定められたもの。昭和五六年内閣告示。

「一杯どうです?」「もう結構です」

これ以上は不要だということですから、その段階で十分な状態になっているのです。このような「結構です」や「いいです」は、今の状態がすでに十分であるという判断を示して、謝絶の意を表すのです。

どちらの「結構です」や「いいです」も、基本的には、満足なさまを表します。相手の提案や行為を満足だと判断すれば〈了承〉に、現状を満足だと判断すれば〈謝絶〉に解釈されるのです。「はい、結構ですね」「ああ、結構だね」(了承)、「もう結構です」「いえ、結構です」「いや、結構」(謝絶)などと、言葉を補って了承・謝絶の意味を明確にすれば、誤解なく伝わるでしょう。

(矢澤真人)

使い方どっち? 59

「愛するということは人間内部の{至上命令 vs. 至上命題}だ」、どっち?

絶対に従わなくてはならない命令という意の「至上命令」が正しい。「至上命題」は、俗に、達成しなくてはならない最重要課題の意で使われるが(景気回復が至上命題だ)、「命題」は、論理学で「AはBである」などの、真か偽かを判断することができる文のこと。なお、例文は有島武郎の『惜みなく愛は奪う』からの一節。

ポイント

●「結構です」は、満足なさまを表す言葉です。相手の提案を満足とする場合にも、現状（＝相手の提案のない状態）を満足とする場合にも使います。そのどちらなのか明確に示すには、「はい、結構ですね」「もう結構です」などと、言葉を補うのがよいでしょう。

【至上命令】

ですよねー

質問 話している相手にいきなり「ですよねー」と言われると戸惑います。こういう言い方は問題ないのでしょうか。

質問 「メタボリックシンドロームについてどう思いますか」「やっぱり気になりますよねー」など、質問に「～よねー」と答えるのはおかしくないでしょうか。

質問 「発売日は明日ですよね」など、「～ですよね」と質問されると返事がしにくい気がします。おかしな言い方なのでしょうか。

答え 「～よね」は「～よ」と「～ね」から成り立っていますので、それぞれの使い方を比べてみましょう。まずは次の会話を見てください。

使い方どっち？ 60

「{薄皮《うすかわ》vs.薄紙《うすがみ》}をはぐように快方に向かう」、どっち？

「薄紙をはぐよう」が正しい。「薄紙」は、ごく薄手の紙。薄い紙をはがすように病気が少しずつよくなるさまをいう。「薄皮をはぐように回復する」などというのは誤り。

A　うわあ、Bちゃん、すてきなスカーフだね。
B　うん。彼に買ってもらったの。
A　いいなあ。エルメスじゃない。
B　でもネットオークションだよ。
A　何だっていいよ。やっぱ、エルメスは色が違うよね。

「すてきなスカーフだね」の「〜ね」は「いいお天気ですね」「お元気そうですね」などの「〜ね」と同じで、相手と同じ情報や同じ気持ちを共有していることを表します。一方「〜よ」のほうは、「ネットオークションだよ」「何だっていいよ」に見られるように、自分の意見や気持ちを相手にはっきり伝えるときに使います。その二つが組み合わさった「〜よね」はどんな意味を表しているのでしょうか。以下では「〜ね」と比較しながら「〜よね」の使い方について考えてみましょう。

上の会話の最後の発話「やっぱ、エルメスは色が違うよね」の「〜よね」を「〜ね」に言い換えてみてください。特に不自

使い方どっち？ 61

「刀折れ矢尽きる」vs.「矢折れ刀尽きる」、どっち？

刀も矢も「折れる」が、「尽きる(=使い尽くして無くなる)」と言えるのは刀ではなく、弓で射る矢種《やだね》。「刀折れ矢尽きる」が正しい。戦う手段が尽きる、また、物事に立ち向かう手段がなくなるという意味で、『後漢書』にある故事に基づく成句。

然だとは感じられないと思います。では、冒頭の発話の「Bちゃん、すてきなスカーフだね」の「〜ね」を「〜よね」に変えるとどうでしょう。この場合は少し変な感じがするのではないでしょうか。

「〜よね」が使えるのは、今気が付いたばかりのことではなく、互いに前々から知っていたことや知っていて当然のことでなければならないのです。AさんはBちゃんのスカーフがすてきであることに今気付いたところです。前々から知っていたことではないので「すてきなスカーフだよね」と言うとおかしく感じられるわけです。一方、最後の発話の場合、「エルメスは色が違うなあ」とその時に感じたこととして表すのなら「〜ね」を使って共感する気分を表します。しかし、エルメスのすばらしさを前々から知っていたこととして言うのであれば「〜よね」を使って知識の共有を確認し合う意味を表すことになるのです。

ところで、単なる同感や同意を示す「〜ね」とは違って、

使い方どっち？ 62

「震災で貴重な資料が｛画餅《がべい》・水泡《すいほう》・烏有《うゆう》｝に帰《き》した」、どれが正しい？

「画餅《がべい》に帰す」は、計画が実現できず、せっかくの苦労がむだになること。「画餅」は絵に描いた餅《もち》で、実現の見込みのないもの、役に立たないもののたとえ。「水泡《すいほう》に帰す」は、努力のかいもなくむだに終わること。「水泡」は水のあわで、はかないことのたとえ。「烏有《うゆう》に帰す」は、すっかりなくなる、特に、火災ですべてを失うこと。「烏有（＝うゆう。いずくんぞあらんや）」は、何もないこと。したがって、この例文

「～よね」には「～よ」がもつ主張の強さが混じっています。この主張の強さに共感を表す「ね」が加わって、みんなが知っていることなのだからあなたも知っていて当然という気分が表されることになります。次の会話を観察してみましょう。

Ａ　いいなあ。エルメスじゃない。
Ｂ　でもネットオークションなんだよね。

ネットオークションで買ってもらったことはＢちゃんしか知らないことなのに「～よね」を使っています。この場合Ｂちゃんはネットオークションで買ってもらったことだけを伝えているのではなく「ネットオークションで買ったのだからそんなに高くなかった」というだれでも知っていることを相手も当然知っているものとして「～よね」を付けているわけです。

このように「～よね」は互いに同じ知識を共有しているという気持ちや相手も自分と同じ考えをもっていて当然という気持

では、「烏有に帰した」が正しい。

ちを伝えます。そのため、相手の知らない情報を伝えているはずなのに、あたかも前から知っていたことのように「ですよねー」と相づちを打たれたら何か変だと感じてしまいます。また、知らないから「どう思いますか」と尋ねているのに、「～よね」を使った答えが返ってきたり、同意するのが当然と言わんばかりに「～よね」を使った質問をされたりして気分がよくないと感じられるのも、「～よね」の持つ「知っていて当然」という強引さが災いしているのだと思います。

（砂川有里子）

ポイント！

●「～よね」は〈互いに前々から知っていたことや知っていて当然のこと〉を確認し合う言葉です。知らないことを尋ねている質問に対して「～よね」と答えたり、「～よね」で質問したりすると、強引な感じを与えます。

【ですよねー】

お名前様

質問 カードで買い物をしたときに、「こちらにお名前様をお願いします」と言われました。「お名前」に「様」を付けるのは変ではないでしょうか。

答え おっしゃるように、スーパーやデパートでクレジットカードの領収書にサインを求められるときや、人気レストランで順番待ちをするときなどに、「お名前様」という言葉をよく耳にします。「お名前様いただけますか」と聞かれたこともあります。「お名前いただけますか」と言うのもおかしいですが（この言い方については別に取り上げました）、「お名前」を「お名前様」と言うので、二重におかしいのです。

さて、「お名前」ならまったく問題ないのですが、「様」を付

使い方どっち？ 63

「彼女、ひょっとしたら僕に脈がある？」は正しい？

「脈がある」は、脈拍が絶えないかぎり命は持続することから、見込みがある、希望が持てるという意味。「この取引はまだ脈がある」「脈があると見て、毎日売り込みに来る」のように使い、男女関係についても、「彼女がデートに応じてくれた。脈があるのかもしれない」などと使う。しかし例文は、「Aさんが Bさんに脈がある」というもので、気がある、好意を持っているの意で使っている。本来の、見込みがあ

けると強い違和感が出てきます。相手の所有物に「お」を付けて尊敬の気持ちを表すのは敬語の用法にかなっています。「お顔」「お家《うち》」「お役目」など、いくらでも例を挙げることができます。しかし、これらの言葉に「様」が付くと、変になります。「お顔様」「お家様」「お役目様」などとは言えません。

そもそも、「様」は方向・方面を表す言葉で、高めるべき人を直接言うのをはばかって、その人のいる方向ということで、敬称として用いられるようになったものです。ですから、次のように、いろいろな言葉に付きますが、人あるいは人に類するものに付くのが原則です。

①人の姓・名……「山田様」「太郎様」
②身分を表す語……「神父様」「お医者様」「お姫様」
③親族関係その他、ある立場からみた関係を表す語……「奥様」「伯父様」「お客様」「お連れ様」
④その他、人を表す語……「あなた様」「あちら様」「こちら

るという意味を転用したのだろうが、誤り。

様」「どちら様」「よそ様」「他人《ひと》様」
⑤団体・組織の名……「○○会社様」「○○商会様」
⑥神・仏など……「神様」「天神様」「仏様」「お釈迦《しゃか》様」

このように、いろいろな言葉に付きますが、人あるいは人に類するものに付くのが原則です。⑤や⑥は人ではありませんが、擬人的なものと言えましょう。

「名前」は、上記のような人に属する言葉ではありませんので、「様」は本来付かないのです。「様」をもう少し砕けた言い方にしたのが「さん」で、①から⑥はすべて「○○さん」と言えます。しかし、「お名前さん」も変です。

「お名前様」などという変な言い方が出てくるのは、やはりできるだけ丁寧に言いたいという気持ちからでしょう。「お客様」と言うのだから「お名前様」だっていいだろうという類推が働いたかもしれません。しかし、いくら丁寧に言いたいからといって、なんにでも「様」を付ければいいというものではあ

使い方どっち？ 64

「筆舌《ひつぜつ》を尽くして解説する」は正しい？

「筆舌」は、文章に書くことと口で話すこと。文章やことばでは十分に表現することができないの意で、「筆舌に尽くしがたい苦しみ」「美しさ」などと使われる。しかし、近年、「筆舌を尽くして解説する」のような、表現を極める意で使う例が現れている。ことわざ成句は、固定した言い回しで、ある特定の意味を表すものだから、慣用になじまない「筆舌を尽くして解説する」は、避けたほうがよい。

りません。おかしい言い方だと思われ、かえって逆効果になるでしょう。

（北原保雄）

ポイント

「様」は人あるいは人に類する言葉に付くのが原則ですので、「お名前様」はおかしい言い方です。丁寧に言いたいからといって、なんにでも「様」を付けるのでは、かえって逆効果です。

目に物言わす／目に物見せる

質問　「今度こそ目に物言わせてやる」という言い方を耳にしたのですが、これは間違いではないでしょうか。

答え　「目に物（を）言わす［言わせる］」というのは、自分の目つきで、相手に気持ちを伝えるという意味です。「目は口ほどに物を言う（＝ことばに出さなくても、目つきで相手に感情や思いを伝えることができる）」ということわざも似たような意味を表しています。「金に物を言わせる」とか「腕力に物を言わせる」などの言い方もありますが、この場合は、〈金［腕力］の力で強引に〉という意味になるので、別の表現と言っていいでしょう。

この「目に物言わす」の「目」は、話し手自身の目ですから、

使い方どっち？ 65

「A反省する気など薬にしたくもない」「Bそんな忠告など薬にしたくもない」、どっち？

Bの「そんな忠告など薬にしたくもない」は「そんな忠告など薬にしたいと思わない」の意味に解されやすく、正しい使い方に見えるかもしれない。しかし、この「したくもない」は、「したくない」の意ではなく、「したくても、無い」の意。つまり、「薬にしたく（て）も、無い」は、薬にしたいと思ってもどこにも無い、という意味。よって、Aの「反省する気など薬にしたくもな

ご指摘のとおり、〈相手をひどい目にあわせる〉とか〈相手にまいったと感心させる〉といった意味に使うのは明らかに誤りです。類似の慣用句「目に物見せる」と混同したものでしょう。「目に物言わす」のほうは、あまり古い例は見当たりませんが(『日本国語大辞典』にも、二葉亭四迷の『平凡』〈一九〇七〉の例が挙がっているだけです)、「目に物見せる」は、古くから、狂言などにも使われています。この場合は、〈相手の「目」にある姿を焼き付けて思い知らせる〉という意味から転じて、〈ひどい目にあわせる〉という意味になります。

(夫)「やいおのれ、目に物見せうぞ。」

(妻)「目に物見せうと言うてなんとせうぞ。」(大蔵虎明《とらあきら》本狂言・河原太郎)

私の体験でも、最近「目」に関する慣用句を卒業論文で取り上げた学生がいて、「目に物(を)言わす」を、誤って使って

い(=反省する気は、さらさらない)」のほうが正しい使い方。

いる場合があることを指摘していました。インターネットで検索してみると、たしかに、次のような例が見つかりました。どちらも〈相手に見せつけてやる〉という意味で使っていることがわかります。

・追いつめられたおれがどんなに怖いか目に物を言わすぞ！
・検定員に目に物言わすすべりをしてくるぜ。

意味をよく考えてみれば、「目に物を言わす」が〈相手の目に見せつける〉のような意味になるはずはないのですが、こうした誤用が生じるのは、「ぎゃふんと言わせる」「まいったと言わせる」といった表現があることも関係しているのでしょう。

こうした使い方は明らかな誤用です。慣用句・ことわざなども、時代の移り変わりによって、本来の意味と違った理解が生じることはままありますが、できるだけ本来の正しい意味・用法を会得して使いこなしたいものです。

（小林賢次）

使い方どっち？ 66

「面白すぎて、はらわたがちぎれるかと思った」は正しい？

「はらわたがちぎれる」は、耐えがたいほどの悲しみを感じるという意味。よって、この例文は間違い。「はらわた」は、臓腑《ぞうふ》、内臓のことで、悲しみのあまり臓腑がずたずたに切れてしまう意からいう。「はらわたがちぎれるほどの悲しみを覚える」のように使う。面白くて笑うさまは「腹がよじれる」といい、「面白くて腹がよじれるほど笑った」などと使う。

ポイント
●「目に物言わす」は〈自分の目つきで相手に気持ちを伝える〉、「目に物見せる」は〈相手をひどい目にあわせる〉〈思い知らせる〉という意味で、全く別の表現です。

【目に物言わす／目に物見せる】

しく／ひく

質問 「箝口令《かんこうれい》を引く」という言い方を時々耳にしますが、間違いではないでしょうか。

答え 東京方言（＝江戸弁）は、「ひ」が「し」になる傾向が強いと言われています。「ひがし（東）」が「しがし」に、「ひつじ（羊）」が「執事（しつじ）」になったりします。「し」が「ひ」と混同されて、「質屋（しちや）」が「ひちや」に、「あさひしんぶん」が「あさしひんぶん」に、「潮干狩（しおひがり）」が「ひおしがり」になったりもします。ついには、発音の矯正が高じて、「朝日新聞拾（あさひしんぶんひろ）った」が、「あさしひんぶんしろった」になったりすることもあると聞いています。

使い方どっち？ 67

「濡《ぬ》れ手{で vs. に}粟《あわ》」、どっち？

水に濡れた手で粟（＝穀物の一種）をつかめば、粟粒がたくさんついてくることから、何の苦労もしないで利益を得ることをいう。「濡れ手に粟」の実例も多いが、「濡れ手に（粟が）つく」「濡れ手に（粟を）つける」のではなく「濡れ手で（粟を）つかむ」のだから、本来の正しい使い方は「濡れ手で粟」。

これらは江戸っ子に特有の言い方ですが、動詞の「敷（し）く」と「引（ひ）く」の使い分けの混乱は、江戸っ子ならずとも難しく、いわば全国的規模で展開しているようです。「×布団をひく」「×車にしかれる」はしばしば間違われます。「フライパンに油を 引く／敷く」に至っては、しばらく考えないと、正解が出てこないのではないでしょうか。

「布団［蒲団］を引く」は、ネットには多数現れますが、文学作品や新聞にはさすがに見つからない。ところが、ネットで公開されている文学作品で、太宰治『お伽草紙・舌切雀』に、「…自分でさっさと蒲団を引いて寝てしまふ」というのが出てきます。念のため、筑摩書房版の全集で当たってみると、きちんと「敷」となっていました。入力者のミスを校正者も見逃した例です。布団は〈引っぱる〉ようにして敷き延べることから、つい「引く」と言ってしまうのでしょう。「敷き布団」という複合語を思い浮かべると、誤りを回避できそうです。

「油を 引く／敷く」は、正解は「油を引く」ですが、やはり

使い方どっち？ 68

「下手《へた》｛な vs. の｝考え休むに似たり」、どっち？

「下手な考え」は、下手である（＝巧みでない）考え。「下手の考え」は、下手である人の考え。どっちも意味が通りそうだが、「下手の考え休むに似たり」が正しい。囲碁や将棋で、下手な人がいくら考えたところで休むのと同じである、ということから。よい考えも浮かばないのに長く考え込むのは時間のむだだということ。

使い分けが難しいようで、ネットでは正誤半々といったところです。両者は発音だけでなく、意味も近く、その分紛らわしさが顕著になるわけです（ちなみに、「引き写す／敷き写す」とでは、「引く／敷く」の意味は相応に異なると考えられますが、全体の意味はほとんど変わらないというようなものもあります）。資料を検索してみますと、誤用例は、新聞・小説・辞書に現れます。小説では泉鏡花に数例出るほか、現役の作家にも数例出てきます。

ご質問の「箝口令を引く」は「敷く」の誤りです。「箝口令を敷く（＝人々に、口外を禁ずるお達しを出す）」の「敷く」は、「鉄道［レール］を敷く」などの抽象化した言い方で、〈命令や政治の体制を築いて広く行き渡らせる〉意。「非常線［戒厳令・軍政・捜査線］を敷く」なども「敷く」でないと誤りになります。逆に、「電話［水道管］を引く／敷く」では、〈線状の設備を作って導き入れる、引き入れる〉意ですから、「引く」が正解です。

（鳥飼浩二）

使い方どっち？ 69

「右{に VS. へ}倣《なら》え」、どっち？

「右へ倣え」が正しい。もともと、右の人のするとおりにせよの意で、横列の隊列を整えるときの号令としていうことば。転じて、最初に行った人のことをまねるという意に使う。「へ」と「に」は意味が近いことから、最近、「右に倣え」という言い方も多い。しかし、固定した号令なので、「右へ倣え」の形で使いたい。

ポイント!

「箝口令《かんこうれい》を引く」は誤りで、広く行き渡らせるという意味の「敷く」を用いた「箝口令を敷く」が正しい表現です。

「引く」「敷く」は、「布団［鉄道・非常線・戒厳令］を敷く」、「フライパンに油を引く」「電話［水道管］を引く」のように使い分けます。

【しく／ひく】

あーしてこーして……
ココで話に伏線をしいとコラ…
ん？
伏線て「引く」？「敷く」？
どっち？
電話をひく？
フライパンに油をしく？
わからなくなってきたァ
そこで「ひ」と「し」に迷ったときの助っ人!!
江戸っ子くん登場
とりあえずコーシーくれよ!!

数10人・数一〇人

質問　「数10人・数一〇人」という書き方に違和感があります。「数十人」と書くべきではないでしょうか。

答え　数字の書き表し方は、縦書き（縦組み）と横書き（横組み）では使い方がかなり異なってきますので、ここでは縦書きを中心に述べます。

まず、同じ縦書きでも、新聞と一般書籍では、数字の使い方が相当に違います。新聞は今世紀に入ってから算用数字中心主義に転じ、例えば「午後5時」「10人」「1年は365日」などと書きます。一方、書籍では、その数値を際立たせたりするために、新聞と同じように書くこともまれにはありますが、それはあくまで少数例で、一般には「午後五時」「一〇人・十人」

使い方どっち？ 70

「国民に檄《げき》を飛ばして反戦運動の輪を広げる」は正しい？

「檄」は、自分の主張などを強く訴え多くの人々に賛同や決起を促す文章、即ち檄文《げきぶん》。「檄を飛ばす」は、決起を促すために、自分の主張を広く人々に知らせること。よって、これは本来の正しい使い方。現在は、「監督が選手に檄を飛ばす」「部長が現場の社員に檄を飛ばす」など、指導者が部下に奮起を促して叱咤《しった》激励する用法で使うことが非常に多い。しかし、これは俗用。なお、「檄」を「激」と誤らないように。

「一年は三六五日」のように書きます。ここでは書籍を中心に述べます。

ご質問の「数10人・数一〇人」など、数値を決めがたく、あいまいな数で表す場合は、一般書籍はもちろん、算用数字を好む新聞でも、「数十人」のように単位語を用いて書くという取り決めがあります。単位語とは、「十・百・千・万…」など、位取りを表す語のことです。従って、新聞から見ても、書籍（辞書や教科書を含む）から見ても、「数10人」「数一〇人」と書くのは、厳密には誤りと言ってよいでしょう。あいまいな数値を表す語は「数…」に限らず、「十余人」「十回余り」「何百回」などもそうで、その約束は「約［ほぼ・およそ・おおむね］十人」などにまで及ぶ場合もあります。これらは、横書きの場合にも適用されます。

また、「にさんびゃく年前」「せんきゅうひゃくごろくじゅう年代」などの概数（おおよその数）や範囲を表す場合は、特に注意が必要で、単位語と「、」（読点）とを併用して、それぞれ、

使い方どっち？ 71

「A 苦しいときの神頼みで、伯父さんに借金をお願いするんです」

「B 溺《おぼ》れる者は藁《わら》をもつかむで、伯父さんに借金をお願いするんです」、どっち？

「溺れる者は藁をもつかむ」は、どうしようもなく困ったときの、助けを求めてすがる気持ちを表す。懇願するときにぴったりのことわざのように思えるが、その意は、溺れかかった人が浮力の助けにはならない藁にまですがろうとすることで、「藁」は頼りにならないもののたとえ。本人に直接お願いする

「二、三百年前」「千九百五、六十年代」のように書きます。単位語を使わないで、「にさんびゃく年前」「せんきゅうひゃくごろくじゅう年代」を、発音に従って、「二、三〇〇年前」とか、「一九〇〇、五、六〇年代」「一九〇五、六〇年代」と書いたのでは、頭が混乱するだけでなく、数値の誤認を招くおそれがあります。読点を省略して、「二三百年前」と書くのも、読みで一瞬つまずく感じがあります。避けるべきでしょう。

中間の数値が想定できる右の例の場合、それぞれ「二〇〜三〇年前」「一九五〇〜一九六〇年代」のように書いて、それぞれ「にさんじゅう年前」「せんきゅうひゃくごろくじゅう年代」と読ませる場合もあります。読みにはややむりがありますが、視覚的にはすっきりとして分かりやすい表記法になります。なお、「二〇〜三〇年前」を、発音に従って、「二〜三〇年前」としたのでは、意味が違ってきます。注意が必要です。

縦書き・横書きを問わず、算用数字を絶対的に避けなければならないのは、固有名詞・漢熟語・成句やことわざの類です。

ときには、相手を神仏になぞらえる「苦しいときの神頼み」を使うほうが失礼でなく効果的。Aのほうが適切な使い方。

「三十三間堂《さんじゅうさんげんどう》」「四天王」「二重橋」「東京六大学」「日本一」「一体化」「一般［一律・一斉］に」「万歳三唱」「一部始終」「四つ相撲」「三振」「四球」「仏の顔も三度」「二度あることは三度ある」「鬼も十八、番茶も出花」などや、数の意識の乏しい「〜の一種」「一種の〜」「〜の一方法」なども算用数字は避けたほうがよいでしょう。これらは、特に横書きの場合、うっかりすると、算用数字になりがちです。注意が必要です。

（鳥飼浩二）

ポイント！ 「数十人」「何百回」など、正確に決めがたく、あいまいな数値は「十・百・千」などの単位語を用いて書きます。

適切でない書き方	適切な書き方
数10人　数一〇人	数十人
10余人　一〇余人	十余人
10回余り　一〇回余り	十回余り
何100回　何一〇〇回	何百回
約10人　約一〇人	約十人
二、三〇〇年前 二三百年前	二、三百年前
一九〇〇、五、六〇年代 一九〇五、六〇年代	千九百五、六十年代 一九五〇～一九六〇年代

▲あいまいな数（縦書き）

▼固有名詞や成句（横書き）

適切でない書き方	適切な書き方
日本1　2重橋 3振　4天王 東京6大学野球	日本一　二重橋 三振　四天王 東京六大学野球
仏の顔も3度 2度あることは3度ある 鬼も18、番茶も出花	仏の顔も三度 二度あることは三度ある 鬼も十八、番茶も出花
～の1種　1種の～ ～の1方法	～の一種　一種の～ ～の一方法

コーヒーで

質問 飲み物を何にするかと聞かれたとき、「コーヒーで」と答える人がいますが、少し偉そうな言い方ではないでしょうか。

答え 喫茶店でおごられたり、訪問先で飲み物を勧められたりするときに、「飲み物はどうしますか」と聞かれて、「では、コーヒーで」と答えるのは、失礼だと言われることがあります。聞き手は、なんか「偉そうな言い方をして」と感じてしまうのですが、話し手は、別にそんなつもりで言ったわけではありません。なぜ、こんなずれができてしまうのでしょうか。

　これは、「で」と述語の解釈がずれを起こすからです。「で」は、様々に解釈される語です。その一つに、範囲を表す用法が

使い方どっち？ 72

「恨み骨髄《こつずい》に{達す・徹《てつ》す・発す}」、正しいのはどれ？

「恨み骨髄に徹す」が正しい。恨みが骨の芯《しん》までしみとおる意から、非常に深く人を恨むことをいう。「恨み骨髄に徹《とお》る」「恨み骨髄に入《い》る」ともいう。「恨み骨髄に発す」「恨み骨髄に達す」は、それぞれ「恨みが骨の芯から生じる」「恨みが骨の芯まで到達する」と解され、意味としては通じるが、成句としては誤り。

あります。「コーヒーで」は、自分が満足できるのがコーヒー程度であることを表します。

話し手は、自分の好みをそのまま伝えるのはちょっとずうずうしいと考え、メニューに記された価格なり、作る手間などを踏まえて、コーヒーなら許される範囲だと思ったのでしょう。「コーヒーで」は、「コーヒーで結構です」「コーヒーでいいです」の述語を省略したものと考えられます。「で」が「いい」とか「結構だ」のような個人的な満足を表す言葉と結びつくと、許容範囲を表します。場合によっては、満足できる最低限のものという意味合いで使われます。自分は、コーヒー程度で十分満足できますということを表そうとしたのです。

もう一つ、『コーヒーでよいでしょうか』の述語を省略して、「コーヒーで」と言った可能性もあります。この場合は、コーヒーでよいかどうか、相手に尋ねるのであり、コーヒーだと要求のレベルが高いかもしれないが、それでもよいかと、相手に許諾を求めているのです。

使い方どっち？ 73

「{風前 VS.空前}の灯火《ともしび》」、どっち？

「風前」と「空前」は発音が似ているが、「風前の灯火」が正解。「風前」は風の当たる所。風に吹かれる灯火が今にも消えそうなことから、危険が迫っていて滅ぶ寸前であることのたとえ。また、人の寿命のはかないことのたとえともする。「空前」は、これまでに例がないこと。「空前の大ヒット」「空前絶後」などと使う。

どちらも控えめな気持ちで言っているのですから、失礼になることはないはずですが、実は、「コーヒーで結構です」のほうには、解釈がもう一つできるのです。

もし、それぞれ自分で飲み物代を払ったり、自分で飲み物を作ったりするのであれば、「俺はビールにするけど、君は」「そうね、コーヒーでいいや」というのは全く問題はありません。問題になるのは、相手がおごるとか、飲み物を準備してくれるという、相手の行為に関わる場合です。この場合、「コーヒーでいい」ということは、コーヒーそのもので満足できるかどうかだけでなく、相手の行為が満足いくものであるかを評価する言い方になってしまうのです。「コーヒーでいい」は、コーヒーの提供が、自分の満足できる最低限の行為であるという解釈もまた成り立ってしまうのです。自分が最低レベルで満足できることを表す控えめな表現が、そのまま、相手の行為が許容最低限であると評価する失礼な表現になってしまいます。

「コーヒーで」は、独りよがりの気遣い表現です。そんな誤

使い方どっち？ 74

「準備に{万全《ばんぜん》 VS. 万端《ばんたん》}を期《き》す」、どっち？

「期す（期する）」は、そうなるようにはかる、という意。期するのは「万全」か「万端」か。「万全」は、あらゆる点で完全なこと。「万端」は、すべての事柄。少しの手抜かりもないようにするの意で「万全を期す」が正しい。「万端」は、「諸事万端の世話をする」「準備万端整う」などと使う。

解を招くような言い方よりも、「コーヒーをお願いします」と言ったほうがよっぽどよいでしょうし、「コーヒーでもよいでしょうか」といった、相手に許諾を求める言い方にしてもよいでしょう。

（矢澤真人）

ポイント

「コーヒーで」は、「コーヒーで結構です」「コーヒーでよいでしょうか」などの述語の部分を省略した表現です。前者は、〈コーヒー程度のもので十分満足できます〉、後者は、〈要求のレベルが高いコーヒーをお願いしてもよいでしょうか〉という、相手を気遣った意味になります。しかし、「結構です」は、聞き手に、〈コーヒーを用意してくれれば、最低、満足できます〉と受け取られる失礼な表現でもありますから、「コーヒーをお願いします」「コーヒーでもよいでしょうか」などというのが適切です。

【溺れる者はわらをもつかむ】

助けてーっっっ
ゲボゲボ
ガボガボ
お願い そこの人ーーっっ
ゴボゴボ
え?・
ボク?
そうっ キミッ
助けてエエ
ハイ どうぞ
すごく頼りなさそうだけど声かけてよかったああーー
助かった
そんなこと言われて助ける気しないなー
え!?
ええと あのちょ
ぶくぶくぶく…
溺れる者は久しからず

【風前の灯火】

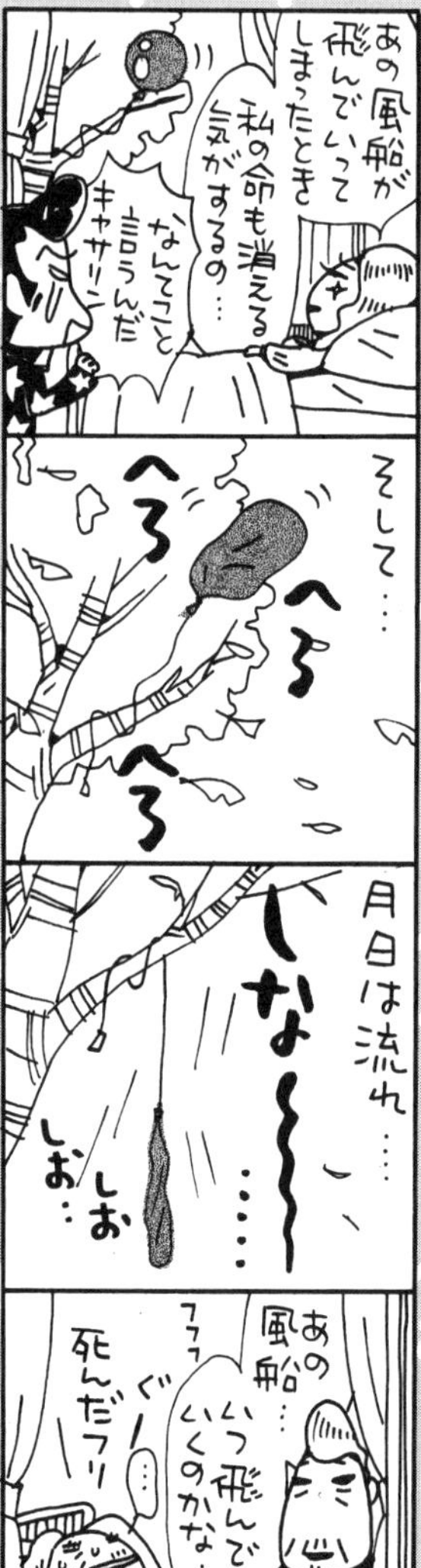
あの風船が飛んでいってしまったとき私の命も消える気がするの…
なんてこと言うんだ キャサリン
そして…
へろ へろ へろ へろ
月日は流れ…
しな〜〜〜……
しお しお…
あの風船… いつ飛んでいくのかな…
フフフ
ぐー!
…
死んだフリ

【万全を期す】

逆に

質問 最近、逆でもない内容のことを続けているのに、「逆に」「逆に言うと」などの言い方をする人がいますが、変ではないでしょうか。

答え 私も、「逆に」「逆に言うと」を頻用する人を何人も知っています。最初はその人の口癖かなと思っていましたが、どうも広く使われている言葉のようです。ウェブ検索で調べると、実に多くの例がヒットしました。勿論、中には、

・家族に相談することで解消されることもあるが、逆に家族だから相談できないということもある。

・（留学は）お金がなければ話になりません。逆に言うと、お

使い方どっち？ 75

「A 新人だからといって侮るな、後生《こうせい》畏《おそ》るべしだよ」「B 今どきの若者はすぐキレる、後生畏るべしだよ」、どっち？

「後生《こうせい》」は後から生まれてくる者、後進の意。「畏《おそ》る」は、「おそれる」の文語形。これを、怖いと感じる・危ぶむの意に解したのがBの使い方で、「後から生まれた者は、怖い」「若者のすることは危ぶまれる」というつもりで使っている。しかし、これは間違い。この「おそる」は、おそれ敬う、恐れ多いと思う、の意。「後生畏るべし」は、若い人は、どん

金さえあれば誰でもできるのです。

のように、正しい使い方のものもありますが、

・あの車は新車で買うと三百万はするが、逆に中古車なら二百万円で買える。

・一度別れた恋人同士は元に戻らないよ。逆に言うと、彼と彼女の復縁はないよ。

・完璧なチームプレーだった。逆に言うと、選手同士のコミュニケーションがうまくいっていた。

のように、逆に言うことにはなっていないものが多いのです。

・「今月中に原稿を仕上げていただきたいのですが…。」

「逆に、締め切りは月末ということだね？」

・「やっぱり白い家具は汚れが目立ちやすいよね。」

な人間になるか、いろいろな可能性を持っているのだから、畏敬すべきである、という『論語』に基づく成句。Aの使い方が正しい。

「逆に言うと、手入れが大変なんじゃない。」

のように、相手の話を受けて、言葉の出だし、つまり文頭に使っているものもたくさんあります。

これが現状ですが、どうも「逆」という明確な意識がなく、「別な言い方をすると」「他の言い方をすれば」くらいの気持ちで使っているのではないかと思います。「逆」の持つ正反対という意味が弱くなっているのでしょうか。「真逆（まぎゃく）」などという「逆」の意味を強調する新語が作られたのはそのせいでしょうか。

「逆に」「逆に言うと」と同じように気になる言葉に、「極端に言うと」という言い方があります。これもウェブ検索ではたくさんヒットします。そして、たとえば、

・あの子は集中力がない。極端に言うと、一つのことを考え続けることができない。

使い方どっち？ 76

「君子は豹《ひょう》変《へん》す、過ちはすぐに改めるものだ」は正しい？

「豹変する」は、「不利とみて態度が豹変した」などと機を見て態度や考え方が一変する意に用いられることが多い。しかし、これは誤用が定着したもの。本来は、君子は過ちと知ればすぐにそれを改め、きっぱりと正しい道に戻るものだ、という意味で、「豹変」は、はっきりと誤りを正す、の意。よって、これは本来の正しい使い方。『易経《えききょう》』の、「君子は豹変す、小人は面を革《あらた》む（＝君子が過ちを改めることは豹

・彼とは一度も会ったことがない。極端に言うと、ネットの上での付き合いだけだ。

のように、まったく極端ではない内容が続く例がたくさんあります。また、『正直言って」という言い方もあり、これもやはり、

・近頃は携帯電話ばかりで、正直言って、固定電話をほとんど使っていない。

のように、特に正直に言っている訳でもないところに使われています。

以上、「逆に言うと」にしろ、「極端に言うと」「正直言って」にしろ、どれも前置きの言葉です。「言うまでもないことですが」「言わずもがなのことですが」「言ってはいけないことですが」と言って、それなら言うなということになるのに、話を続

の模様のようにはっきりしているが、小人はただ外面だけを改めるに過ぎない)」に基づく。

ける。前置きにはそういうところがあります。情報としては新しいものが何もありませんから、矛盾する言い方でも許されるのでしょう。しかし、「逆に」「逆に言うと」の場合、相手が、自分と反対の意見を述べるのかと思い、不快に感じることもあると思います。正確でない言い方は改めるようにすべきでしょう。

（北原保雄）

ポイント

●正反対でもない内容のことが続くときに、「逆に」「逆に言うと」という人がいますが、「別な言い方をすると」「他の言い方をすれば」などと言うべきでしょう。

【逆に】

新製品企画会議
ええーとりあえず売れる商品考えてほしいんだけど
ハイ
ハイ池田くん
逆に会社はどういった商品を望んでるんですか?
逆に?うーん
開発費が安くてコンビニに販促できるものかなー…
それ逆に厳しいですからー
キツイキツイ
かなりむずかしいですよー
じゃあ逆に聞くけどキミらどんなのなら作れんの?
逆に課長が考えるってどうスか?
…ええ?
うんいいいい!
逆に賛成ー!!
なっなっ
あ、それ逆にいーかも
いつもオレらが考えるだけですもん
……
団塊ジュニアならではのアイディアってゆーか
だよねだよね
あっそーいうの逆に今新鮮かも
こんな会社逆にやめてやるー
あ逆ギレ

お連れ様がお待ちになっておられます

質問　「お連れ様がお待ちになっておられます」は、やはり抵抗を感じます。本当に「おられる」を尊敬語として使ってよいのでしょうか。

答え　先の『問題な日本語』で、「お連れ様がお待ちになっております」は不適当で、「おられます」とすれば問題のない言い方になると述べました。これに対して、「おる」は謙譲語（あるいは相手をののしっていう語・軽卑語）のはずで、それに尊敬の「れる」を付けるのが正しい言い方なのか、という疑問が寄せられているわけです。もっともな質問ですのでもう一度考えてみましょう。

もともと「山がある」のように無生物の存在を表す「ある」

使い方どっち？ 77

「洛陽《らくよう》の紙価《しか》を{A 高める・B 高らしめる・C 高からしめる}」、間違っているのはどれ？

著書が評判を博して飛ぶように売れるという意の成句。「洛陽」は中国の都市の名、「紙価」は紙の値段。晋《しん》の左思《さし》の詩を人々が争って書写したため洛陽で紙の値段が高騰したという故事に基づく。A「高める」は、高くするという意味で、これは正しい。「高い」に使役の助動詞「しめる」を付けたC「高からしめる（＝高くさせる）」も正解。B「高らしめる」は、「高ら」に助動詞

（古代語では「あり」）に対して、人や動物の存在を表す言い方として、古くから「おる」（古代語では「をり」）が使われていました。この「おる」に対して、現代では「いる」のほうが発達し、その尊敬語として、「いらっしゃる」が使われるようになりました。一方また、「いる」「おる」に「れる・られる」を付けた「いられる」と「おられる」も尊敬語のはたらきをします。「いらっしゃる」は高い敬意を表す語であるため、もう少し軽い敬意を表すものとして「いられる」「おられる」が必要とされているのでしょう。「いられる」だけでなく「おられる」が用いられているのは、「おる」の謙譲語性がそれほど強くなく、もともと「いる」のあらたまった形という意識で用いられることがあったことによると考えられます。

これまでの研究で、江戸時代あたりでは、尊敬語として、「いられる」のほうが用いられ、「おられる」は、その後、近代になってから発達したことが明らかにされています。

「しめる」を付けたことになるが、「高ら（←高る）」という動詞はないので、間違い。

A　寒いのによくがんばっていられますね。
B　寒いのによくがんばっておられますね。

現在、AとBでは、尊敬表現としてどちらが多く使われるでしょうか。Aは〈いることができる〉という可能の意味に受けとられやすくなり、Bの「おられる」のほうが自然な感じがするのではないでしょうか。もちろん、尊敬表現として「いられる」を使いたい場合、Aの表現をとってもよく、どちらも誤りではありません。

「おる」は、もともと、謙譲語といっても、自分がへりくだるという性質のものではなく、「申す」「参る」「いたす」などと同様、聞き手に対してあらたまって表現するのに使われるものでした。「丁重語」とも呼ばれ、先の文化審議会の答申「敬語の指針」（平成一九・二・二）では「謙譲語II」として分類されています。これらは、「事実は小説よりも奇なりと申しまして……」「雨が降ってまいりました」「叩くと音がいたします」

使い方どっち？ 78

「くちばしの｛赤い・青い・黄色い｝若造」、正しいのはどれ？

「くちばしが黄色い」は、年が若くて経験が足りないという意。ひな鳥のくちばしが黄色いことから、経験の浅い若者をあざけっていうもの。「くちばしが青い」も、同様の意を表す。「青い」は果物などの未熟なものが青いことから、未熟なものの形容に用いる。「赤い」にはその意はない。よって、「くちばしの黄色い」「くちばしの青い」が正しい。

など、事物・事柄の表現にも使われます。「まだ雨が降っております」の「おる」も同様です。こうした変化が進んだため、現在では、丁重語の「おる」に「れる」を付けて尊敬語にすることも許容されるようになったのだとみることができます。ただし、特に東日本のほうでは、「おる」は謙譲語だという意識が強く、そのため、「おられる」はやはり不自然だと感じる人もいるのだと思います。

なお、「申す」の場合、これに「れる」を付けた「申される」については、「ただいま議長が申されましたように……」などと使われますが、正用か誤用かは議論のあるところです。一方、「あなたはどこから参られました」とか「これから何をいたされますか」などと表現することはできません。「参る」や「いたす」の場合は、それだけ謙譲語としての性格が強く残っているわけです。

（小林賢次）

使い方どっち？ 79

「恒産無き者は孝心無し」、間違っているのはどこ？

「孝心」が間違いで、正しくは「恒産《こうさん》無き者は恒心《こうしん》無し」。『孟子《もうし》』に基づく。一定の職業や財産（＝恒産）がなければ、常に変わらぬ正しい心（＝恒心）は育たない、つまり、物質面の安定がないと精神面も安定しないという意。大正時代の作家、芥川龍之介は「恒産のない者に恒心のなかったのは二千年ばかり昔のことである。今日では恒産のあるものは寧ろ恒心のないものらしい」と記している（侏儒《しゅじゅ》の言葉）。

ポイント

「おる」はもともと謙譲性の強くない語で、「いる」の改まった言い方（丁重語）として用いられてきました。丁重語「おる」に尊敬の「れる」が付いた「おられる」を尊敬語として使うことは間違いではありません。

【くちばしが黄色い】

【お待ちになっておられます】

野菜を切っていきます

質問　料理番組で、「野菜を切っていきます」などと説明するのが気になります。「野菜を切ります」で十分ではないでしょうか。

答え　ご質問のような「〜ていきます」の使い方を初めて知ったのは、『問題な日本語』の第一弾が出た直後（二〇〇四年一二月）のことでした。訪問看護のヘルパーさんが、介護を要する友人の母親に向かって、「お風呂に入れていきます」「背中を流していきます」のように、必ず「〜ていきます」と言って、「お風呂に入れます（よ）」とか「背中を流します（よ）」などとは決して言わないというのです。

その後、気をつけていると、テレビの料理番組でシェフが

使い方どっち？ 80

「当たらずと言えども遠からず」、おかしいのはどこ？

ぴたり正確ではないが、見当外れではない、という意。おかしいのは、「言えども」のところ。「〜といえども」は、漢文の「雖」を訓読したもので、〜であっても、〜と言っても、の意。「いえども」の「いえ」は本来は動詞「言う」の已然形だが、漢字では「〜と雖も」と書くのが伝統で、「〜と言えども」は慣用になじまない。ただ、「雖」は難読なので、わかりやすく書きたい場合には、平仮名で「〜といえども」と書くの

「野菜を切っていきます」「次に、炒《いた》めていきます」などと、盛んにやっています。むしろ、「野菜を切ります」「炒めます」よりも主流と言えるほどです。筆者も実際に、病を得て入院した折、看護師さんに「背中をふいていきます」と言われ、この言葉を体験しました。ある領域では、相当に、普通に使われているというべきでしょうか。

「〜ていきます」という言い方とそれを除いた言い方「野菜を切ります」「お風呂に入《い》れます」「背中を流します」とを比べてみると、後者は、自分の近未来の行動・行為について、「これからこうします」と、相手（あるいは視聴者）に向かって宣言をしているような趣があります。この宣言調の言い方には、時として、一方的で相手など眼中にないといった感じがすることがあって、自分は決められた行為を断乎《だんこ》遂行するのだというキツイ感じを伴いがちです。「〜ていきます」を加えることによって、宣言の意が弱まり、これから行う自分の行為の展開にもっぱら注意を向けさせることができそうです。

がよいだろう。

「〜ていきます」の「〜ていく」には、そのような、行為の展開をいう用法があり、『明鏡国語辞典』では次のように説明しています（「行く」[三]②）。

> 時間的・心理的に遠ざかる気持ちを伴いながら、現在（または、基準となる時点）から未来への事態の展開を表す。「夜は深々と更けて—」「日ごとに元気になって—」「景気は徐々に回復に向かって—だろう」

「〜ていきます」がこの用法で用いられる場合、例えば、ニュースを読むアナウンサーがいくつかの項目を並べ立てたあとで、「では、この順序に従ってお伝えしていきます」という場合などは、違和感がないのではないでしょうか。これは、聴き手側に、〈行為の展開〉に対して心の準備ができていて、「〜ていきます」という〈未来への事態の展開〉を示す表現を素直に受け入れられるからだと思います。

使い方どっち？ 81

「亀《かめ》の甲《こう》より{年の効《こう》VS.年の劫《こう》}」、どっち？

長年かけて積んできた経験は貴く、価値があるという意。「甲」は甲《こう》羅《ら》、「劫」はきわめて長い時間で、「こう」の音をかけていうもの。長年の経験が効果を発揮するの意に解して「年の効」と書くのは誤り。「年の劫」が正しい。また、長年の功績の意から、「年の功」とも書く。

「野菜を切っていきます」「お風呂に入れていきます」「背中をふいていきます」などが気になるのは、それが単に〈未来への事態の展開〉を言っているだけではなく、宣言の表現をやわらげるとともに、今から未来へむかって展開する自分の行為に注目することを促し、ひいては、その行為が時間軸に沿って、マニュアルどおりにきちんと行われていることを相手に意識させる言い方になっているからではないでしょうか。ちょっと煩わしい感じもありますが、マニュアル時代の新しい日本語として、すでに、ある特定の分野では定着した言い方になっていると思われます。

（鳥飼浩二）

ポイント！

「野菜を切ります」という言い方には、相手に構わず事を遂行するというきつい感じが伴います。「野菜を切っていきます」は、それをやわらげつつ、自分の行為への注目を促し、それがきちんと決められたものであることをも伝える言い方だと思われます。

気になる電車言葉

駅や電車内で使われる言葉にたくさんのご意見が寄せられましたので、いくつか考えてみましょう。

質問 「お忘れ物ございませんように、ご注意ください」という車内アナウンスは、「お忘れ物をなさいませんように……」が正しいのではないでしょうか？（男性・五三歳、女性・四〇歳）

答え 「ございます」は「ます」や「です」と同じく丁寧語に分類されています。問題の「お忘れ物ございませんように」は、「お忘れ物ありませんように」の「ある」を丁寧語に言い換えたものです。一方、「お忘れ物をなさいませんように」は「お忘れ物をしませんように」を敬語で言い換えたもので、こ

使い方どっち？ 82

「前者の覆《くつがえ》るは後者の戒め」、間違っているのはどこ？

「前者」「後者」が間違いで、正しくは「**前車の覆るは後車の戒め**」。前を行く車がひっくり返るのを見たら、後から行く車は同じわだち（＝車輪の跡。轍《てつ》）を通らないようにせよ、の意。前人の失敗は後人の教訓になることをいったもの。前車のわだちをそのまま通ってしまって災いに遭《あ》うこと、前人と同じような失敗を後人がくり返すことを、「前車の轍《てつ》を踏む」という。それぞれ、「前車の覆るは後車の戒め、A

こには尊敬語の「なさる」が使われています。「なさいませんように」は乗客に対して敬意を表す丁寧な表現でまったく問題ありませんが、「ございませんように」が変に聞こえるのは、だれのものでもない一般の「忘れ物」に対して「ございません」を使うのが丁寧すぎると感じられるからでしょう。その場合は「お忘れ物のないように」に言い換えてもいいでしょう。

質問 「○○へは後ろの階段がご便利です」の「ご便利」は問題ないですか? 「〜のご利用が便利です」のほうがよいと思うのですが……。(女性・三九歳)

答え 「お宅のお庭はいつもおきれいですね」のように相手のモノに対して敬語が使われているのならともかく、「後ろの階段がご便利です」という言い方は、特定のだれのものでもない階段に敬語が使われているのでおかしく感じられてしまいま

社のような失敗は絶対に避けなければならない」「慎重にやらないと、前車の轍を踏むことになるぞ」のように使う。

す。一方、質問者が提案された「後ろの階段のご利用が便利です」という言い方は、「階段を利用する」という乗客の行為に対して敬語が使われています。こちらは乗客への敬意を表す言い方なので、不自然だとは感じません。ご提案の通り、「〜のご利用が便利です」と言うほうがいいでしょう。

ところで、「ご便利」という言い方そのものにも違和感がありませんか？　「ご不便」「ご自由」「ご親切」「ご丁寧」「ご立派」のように形容動詞に「ご」が付く例はたくさんあります。しかし、中には「便利」「優雅」「華麗」など「ご」となじまない語もあるのです。ところが、インターネットで検索してみると、「ご便利ローン」「ご優雅な生活」などだけでなく、漢語には「ご」、和語には「お」という原則から外れた「お便利サーバー」「お優雅な趣味」なども見つかります（『問題な日本語』「お連絡／ご連絡」参照）。なるべく丁寧な物言いをしたいと思うのが人情ですから、何にでも「ご」や「お」を付けておけば安心なのかもしれません。しかし、「ご便利」や「お便利」はま

使い方どっち？ 83

「身を粉（こ vs. こな）にする」、どっち？

「身をこにする」が正しい。「こ」は、現在は「黄粉《きなこ》」「小麦粉」「磨き粉」など他の語の下に付けて使い、一般には「こな」を使うが、「こな」は近世になって生まれた新しい語で、古くは「こ」を用いた。粉末にすることも、昔は、「粉《こ》にする」といった。「身を粉にする」は、自分の身を砕くように、苦労をいとわず一所懸命に仕事をするという意。「こなにする」と読むのは誤り。

だまだ少数派ですので、使用は控えたほうがよいでしょう。

質問「踏切注意！」は、正しくは「通過電車に注意！」ではないでしょうか。（男性・四五歳）

答え「取扱注意」は「取り扱いに注意せよ」、「飛び出し注意」は「飛び出しに注意せよ」という意味です。「ワレモノ注意」も「ワレモノに注意せよ」ということでおおよそは正しいのですが、厳密に言えば、「中にワレモノが入っているのでこの荷物の取り扱いに注意せよ」という意味になります。「スリップ注意」は「滑りやすいのでスリップしないように注意せよ」、「塗り立て注意」は「ペンキを塗ったばかりなので触らないように注意せよ」ということです。このように「○○注意」と言った場合、かならずしも「その○○自体に注意せよ」という意味ではなく、その○○と深く関連したことがらに注意を呼

使い方どっち？ 84

「喪家（そうかVS.そうけ）の狗《いぬ》」、どっち？

「喪家の狗」は、飼い主に見捨てられた犬、また、そのように見る影もなくやつれて元気のない人のこと。「喪家」は喪中《もちゅう》の家の意で、「そうけ」ではなく「そうか」と読む。「狗」は、犬に同じ。諸国を回りやつれ果てた孔子《こうし》の容貌が「喪家の狗の若《ごと》し」と評されたという故事に基づく。

びかけていることが少なくありません。
　さて、問題の「踏切注意」ですが、「踏み切り」と言えば電車が通過する場所であることはだれでも知っています。そこで、この場合も厳密には「踏切自体に注意せよ」ではなく、「踏切があるので通過電車に注意せよ」ということを表しているわけです。

質問　改札に表示されている「Suica を触れてください」が気になります。（男性・二七歳）

答え　「冷たいものが手に触れる」や「手が冷たいものに触れる」は意図しない接触、「友達の肩にそっと触れる」は意図的な接触です。これらは「〜ガ〜ニ触れる」という形ですが（自動詞「触れる」の用法）、そのほか、「肩に手を触れる」「グラスに唇を触れる」などのように「（〜ガ）〜ニ〜ヲ触れる」と

使い方どっち？ 85

「野（の VS. や）に下《くだ》る」、どっち？

「や」が正しい。「野」は「朝《ちょう》」に対する語で、民間の意。公職に就いている人が、その職を離れ、民間の生活に入ること。漢語で「下野《げや》」といい、これを覚えておけば「や」と読みやすい。「野」は訓で「の」とも読むが、「の」は野原、田畑、また、野生の意を表す。民間の意で「の」とはいわない。

いう形をとって、手や唇といった体の一部を何かに接触させることを表す用法があります（他動詞「触れる」の用法）。「Suicaを触れてください」は「（～ガ）～ヲ（～ニ）触れる」という形ですが、この言い方に何か違和感があるのはSuicaが体の一部ではないためです。それを避けるために「Suicaが触れる」を使役に変えて「Suicaを触れさせてください」「Suicaを接触させてください」などと言うことはできますが、これらもあまりこなれた言い方ではありません。実は、体以外のモノを何かに軽く接触させることを表す適当な他動詞は日本語にないのです。もしどうしても「触れる」を使いたいのなら「Suicaをパネルに触れてください」のように、触れる場所もはっきりさせておいたほうがいいでしょう。

質問　「当駅は禁煙となっています」というアナウンスを聞くと、「禁煙にしているのはあんたでしょう」と思ってしまい

使い方どっち？ 86

「選挙で大敗を喫し、ついにA党も野に下った」は正しい？

与党が大敗した先の参院選ではこの手の表現がたくさんのブログ（＝ネット上に掲載されている日記）で使われていた。「野《や》に下《くだ》る」は（個人が）公職を離れ民間に下る意。「野」を「野党」に解して、与党が野党の地位に落ちる意で使うのは一般的でない。古くからある「与党」の語は、与《くみ》する仲間という意。対する「野党」は比較的新しい語。この「野」は民間の意ではなく、与しない、従わない、の意。

ます。（女性・四六歳）

答え 結婚するのは自分たちの意志で決めたことなのに、「来月結婚することになりました」と言うのなども考えてみればおかしなことですね。しかし、日本語では「する」「した」ではなく、「なる」「なっている」という自然に生起するような言い方で丁寧さを表すことが少なくありません。「当園は祝祭日も開園することとなりました」「参加費は無料となっておりますのでふるってご参加ください」など、営業用によく使われます。特に相手に不都合を与えるときには便利な言い方で、「お支払いは銀行振込のみとなります」「本日小児科は休診となっております」「片側交互通行になっている箇所《かしょ》がありますのでご注意ください」など、日頃よく耳にする言い方です。しかし、ときとして責任逃れをしているように感じられないとも限りません。駅でのアナウンスも潔く「当駅は禁煙です」と言い切ったほうがよいように思います。

（砂川有里子）

使い方どっち？ 87

「怪力（かいりき vs. かいりょく）乱神を語らず」、どっち？

怪力や乱神を語らない、という意ではなく、怪（奇怪なこと）・力（力ずくですること）・乱（不道徳なこと）・神（鬼神のこと）について語らない、の意。孔子《こうし》がこれらを語らなかったという『論語』に基づく成句。並外れた力の意の「怪力」と混同して「かいりき-らんしん」と読まれることも多いが、「かい-りょく-らん-しん」が本来の読み方。

タッ
タッタッ
タッタッ
タッタッ
バッ
カンカンカン
踏切注意
パァー
ガタンゴトン
ガタンゴトン
ふぅ
クリアできた！
ガタンゴトンガタ
それなにげに世界新じゃね

【踏切注意】

・・・・
身をコ・・・
わかったからキミの気持ちは伝わったから・・・

【身をコにする】

怒り心頭に達する／怒り心頭に発する

質問 よく「怒り心頭《しんとう》に達する」という言い方を耳にしますが、これは間違いではないでしょうか。

答え ご疑問のように、「怒り心頭に発する」が正しく、「怒り心頭に達する」は間違いです。「怒り心頭に発する」は、激しく怒る、激怒するという意味で、「相手の無礼な振る舞いに怒り心頭に発する」などと使う成句です。「心頭」はこころ、心中という意味。「心頭を滅却《めっきゃく》すれば火もまた涼し」ということわざもあります。「心頭に」の「に」は「〜において」「〜で」などの意味で、物事が発生したり出現したりする場所を表す助詞です。「新芽が枝先に芽生える」「餅《もち》にカビが発生する」などの「に」です。そして、「発する」は外にあらわれ出

使い方どっち？ 88

「まなじりを決《けっ》する」の「決する」は、どういう意味？

「まなじり」は「目《ま》の後《しり》」の意で、目じりのこと。「決する」は、裂く、切るの意。「決壊・決裂」など、「決」には、裂く、切るという意味がある。目じりを裂く、すなわち、目を大きく開くさまをいったもの。「まなじりを決して抗弁する」のように、怒ったときや、決意したときのようすをいう。

るという意味。ですから、全体で、怒りが心中から外にあらわれ出る、心中の怒りが抑えられなくなるという意味になるのです。

これを、「心頭に達する」と誤るのは、「に」を「東京に着く」「山頂に到達する」などの「に」のような移動先の場所を表す助詞だと解釈するからです。「〜に発する」は文語的で、耳慣れない言い方ですから、「怒り心頭に達する」、つまり、怒りが頭の頂点まで達すると考えてしまうのでしょう。「頭に来る」という言い方もあり、怒りが頭に来るという捉え方があることも支えになっているかもしれません。しかし、「心頭」は心、心中という意味で、頭という意味ではありません。怒りは心で発生するものであり、どこかで発生してそこから心に到達するものではありません。

「心頭」と類義の言葉に「念頭」があります。やはり、こころ、胸のうちという意味で、「事件のことは念頭になかった」「彼のことが念頭をよぎった」などと使います。この「念頭」

使い方どっち？ 89

「敗軍の将は兵を語らず」の「兵」は、どういう意味？

試合に負けた監督などがしばしば言うことばだが、この「兵」は、戦い・いくさの意。戦いに敗れた将軍はいくさについて語る資格がないとしていう。「敗軍の将は兵を語らず、とにかく完敗です」のように使う。「兵」を兵士の意に解して、「敗軍の将は兵を語らずというから、敗戦投手についてとやかく言うのはやめておこう」などと使うのは誤り。

を使った成句に「念頭に置く（＝いつも覚えていて心にかける）」がありますが、これを誤って「念頭に入れる」とする人がたくさんいます。『明鏡 ことわざ成句使い方辞典』では、「自分のことは念頭に入れないで、ひたすら人のために尽くす」という誤用例文を掲げて、注意を促しました。これなども、「念頭」の「頭」をあたまの意に解し、「頭に入れる」という言い方に引かれているのかもしれません。

「心頭」や「念頭」の「頭《とう》」は、あたり、その付近、という意味で、「咽頭《いんとう》（＝食物や呼吸のよりどころとなる口のあたり）」「喉頭《こうとう》（＝のどぼとけのあたり）」や、「路頭（＝道の端のあたり。みちばた）」「店頭（＝店の入り口のあたり）」「街頭（＝まちの道路の上。みちばた）」などの「頭」と同じものです。そういうことで、「心頭」は心のあるあたり、「念頭」は念《おも》いのあるあたりという意味になるのです。

ことわざ成句の間違いには、このように、耳慣れない文語的表現を誤解したり、意味を取り違えたりしたものが少なくあり

使い方どっち？ 90

「端倪《たんげい》すべからざる」の「端倪」って何？

文字通りの意味は、「端倪す-べから-ず」、つまり「端倪することができない」ということ。成り行きや、人物・技量の大きさをはかり知ることができないという意。「端倪」は、物事の始めと終わり（「端」はいとぐち。「倪」は田の境界の意で、物事の終わるところ）。転じて、どこから始まりどこで終わるのか見当をつけること。それができないというのが「端倪すべからず」。

ません。思いこまないで、面倒であってもきちんと辞書で確認することが大切です。

（北原保雄）

ポイント！

●「怒り心頭に達する」は間違いで、正しくは「怒り心頭に発する（＝怒りが心中から外にあらわれ出る）」です。

〝問題な日本語〟をたくさんお寄せくださり、
どうもありがとうございました。
引き続き、ご指摘をお待ちしています。
http://www.taishukan.co.jp/meikyo/

[編著者紹介]

北原保雄（きたはら　やすお）
1936年、新潟県柏崎市生まれ。1966年、東京教育大学大学院修了。文学博士。筑波大学名誉教授（前筑波大学長）。独立行政法人日本学生支援機構理事長。
■主な著書
[文法関係]『日本語の世界6　日本語の文法』（中央公論社）、『日本語助動詞の研究』（大修館書店）、『文法的に考える』（大修館書店）、『日本語文法の焦点』（教育出版）、『表現文法の方法』（大修館書店）、『青葉は青いか』（大修館書店）、『達人の日本語』（文藝春秋）、『北原保雄の日本語文法セミナー』（大修館書店）など。
[古典関係]『狂言記の研究』全４巻（共著、勉誠社）、『延慶本平家物語　本文篇・索引篇』（共著、勉誠社）、『舞の本』（共著、岩波書店）など。
■主な辞典
『古語大辞典』（共編、小学館）、『全訳古語例解辞典』（小学館）、『反対語対照語辞典』（共編、東京堂出版）、『日本国語大辞典　第２版』全13巻（共編、小学館）、『日本語逆引き辞典』『明鏡国語辞典』『明鏡ことわざ成句使い方辞典』（大修館書店）など。

問題《もんだい》な日本語《にほんご》 その3《さん》

NDC810／170p／19㎝

初版第１刷――2007年12月 5日

編著者――――北原保雄《きたはら　やすお》
発行者――――鈴木一行
発行所――――株式会社大修館書店
〒101-8466　東京都千代田区神田錦町3-24
電話03-3295-6231（販売部）　03-3294-2352（編集部）
振替00190-7-40504
[出版情報]http://www.taishukan.co.jp

装丁・本文デザイン――井之上聖子
印刷・製本――文唱堂印刷

ISBN978-4-469-22193-0　　Printed in Japan